CYNTHIA HEALD

CÓMO SER
UNA MUJER LIBRE
EN CRISTO

GRUPO NELSON
Una división de Thomas Nelson Publishers
Desde 1798

NASHVILLE   DALLAS   MÉXICO DF.   RÍO DE JANEIRO

© 2010 por Grupo Nelson®
© 1994 por Editorial Caribe
Publicado en Nashville, Tennessee, Estados Unidos de América. Grupo Nelson, Inc. es
una subsidiaria que pertenece completamente a Thomas Nelson, Inc. Grupo Nelson es
una marca registrada de Thomas Nelson, Inc. www.gruponelson.com

Título en inglés: *Becoming a Woman of Freedom*
© 1992 por Cynthia Heald
Publicado por NavPress

Traducción: *Erma L. Ducasa*

ISBN: 978-0-88113-232-8

Impreso en Estados Unidos de América

CONTENIDO

SUGERENCIAS CON RESPECTO AL USO DE ESTE ESTUDIO

Este estudio está diseñado tanto para uso individual como para su utilización en grupos pequeños, y para mujeres de cualquier edad o estado familiar.

Muchas de las preguntas te llevarán a pasajes de las Escrituras. Pídele a Dios que te revele su verdad por medio de su Palabra y no te preocupes por respuestas «correctas» o «incorrectas». Las referencias de estudio bíblico tales como comentarios, enciclopedias y manuales, pueden ser útiles para auxiliar en la comprensión de ciertos pasajes al proveer informes sobre el trasfondo histórico, los contextos e interpretaciones comunes. (En algunos casos te será necesario tener acceso a un diccionario común, tal como el «Diccionario de la Real Academia Española», «El pequeño Larousse», «Sopena», etc., para en sentido general buscar definiciones de palabras.)

Otras preguntas te incitarán a reflexionar sobre tu propia vida. Respóndelas sincera y cuidadosamente; aunque si aprendes en grupo, no te sientas obligada a revelar detalles íntimos de tus experiencias personales. Utiliza las preguntas incluidas al final de cada capítulo bajo el título de: «Tu reflexión», para ayudarte a resolver asuntos de importancia surgidos con este estudio. Si llevas un diario, tal vez quieras escribir allí estas meditaciones en lugar de hacerlo en este libro.

Quizás desees memorizar el versículo bíblico clave de referencia, el cual se encuentra en la primera página de cada capítulo y cuya cita bíblica se menciona bajo el título de: «Memorización sugerida de las Escrituras». Descubrirás que memorizar la Palabra de Dios enriquecerás tu estudio y profundizarás el significado y el impacto de tu meditación.

Las citas de pensadores y escritores clásicos han sido seleccionadas cuidadosamente con el fin de aumentar tu comprensión y disfrute del contenido de *Cómo ser una mujer libre en Cristo*. Sus referencias también te proveerán de excelente material para tu lectura devocional y estudio.

PREFACIO

La bella joven que estaba sentada frente a mí durante el desayuno dijo: «Amo a Dios y deseo hacer su voluntad, pero siempre hay algo que me detiene. Mi vida constantemente parece ser una lucha cuesta arriba. Intento y vuelvo a intentar, pero me desanimo y me siento derrotada».

Mientras hablábamos sentí compasión por ella. Verdaderamente hacía todo lo que sabía con el fin de crecer y servir a Dios, pero nunca experimentaba mucho progreso y no tenía gozo. Se sentía atrapada por su vida cristiana pero no sabía qué hacer al respecto. Al hablar le dije que muchos otros opinarían: «Sí, así es mi experiencia también».

Pablo escribió a los gálatas: «Estad, pues, firmes en la libertad con que Cristo nos hizo libres, y no estéis otra vez sujetos al yugo de esclavitud» (Gálatas 5.1). Nosotros estamos en Cristo, sin embargo, con cuánta facilidad nos cargamos de pesos que nos esclavizan y nos «frenan». Tenemos la gloriosa salvación de Cristo, pero por algún motivo se nos escapan la gracia, el gozo y la libertad de la vida cristiana.

Hebreos 12.1-2 describe la vida cristiana como una carrera: «Por tanto, nosotros también, teniendo en derredor nuestro tan grande nube de testigos, despojémonos de todo peso y del pecado que nos asedia, y corramos con paciencia la carrera que tenemos por delante, puestos los ojos en Jesús[...]». Al considerar este versículo he comprendido que todos debemos correr nuestra carrera en la vida. Dios nos ha dado «todas las cosas que pertenecen a la vida y a la piedad» (2 Pedro 1.3). Lo que debemos hacer, entonces, es correr la carrera tal como Él lo planificó. Si nos despojamos «de todo peso y del pecado que nos asedia», podremos comenzar a experimentar la libertad que Cristo nos ha comprado.

Mientras hablaba con mi amiga mencioné que había estudiado acerca de nuestra libertad en Cristo. Le sugerí que ella podría animarse al investigar como despojarnos de diferentes pesos y estorbos que nos agobian y nos impiden experimentar la libertad que el Señor desea que disfrutemos. La verdad es la que nos liberta y con la verdad debemos correr si hemos de continuar nuestra carrera sin ataduras. Al fijar nuestros ojos en Jesús tendremos el gozo y la paz provenientes de correr nuestra carrera para su gloria.

Y para ti, mi querida amiga, al iniciar este estudio, ruego que también recibas ayuda y aliento por medio de la Palabra, por los pensamientos de los que han completado la carrera antes que nosotros y por tu propia reflexión sobre la carrera en la que te encuentras. «Así que, si el Hijo os libertare, seréis verdaderamente libres» (Juan 8.36). Que Dios te bendiga ricamente al convertirte en una mujer en libertad.

Cynthia Heald

CAPÍTULO UNO

DESPOJÉMONOS DE TODO ESTORBO:
Corramos con libertad

Por tanto, puesto que tenemos en derredor
nuestro tan gran nube de testigos,
despojémonos también de todo peso [estorbo]
y del pecado que tan fácilmente nos envuelve,
y corramos con paciencia [perseverancia] la carrera
que tenemos por delante.
HEBREOS 12.1, BIBLIA DE LAS AMÉRICAS

Los esfuerzos incesantes del hombre por tomar control de sí mismo,
sea como fuere que lo intente,
conducen a la mayor esclavitud causando esta que
el hombre no llegue a ser lo que debía.
La verdadera libertad del hombre no consiste
de un ilimitado poder para dirigir su vida,
sea esto en un sentido político o estoico.
Se encuentra en una vida con Dios,
disfrutada según su plan original para el hombre.
Sólo puede obtenerla al negarse a sí mismo.
Paradójicamente, el hombre libre no es dueño de sí mismo.
Pertenece a aquel que lo ha librado.[1]
J. BLUNCK

---

[1] J. Blunck, *The New International Dictionary of New Testament Theology* [El nuevo diccionario internacional de teología neotestamentaria], vol. 1, editado por Colin Brown, Zondervan, Grand Rapids, MI, 1971, p. 718.

En la literatura y las Escrituras la vida es descrita como una carrera. La forma en que escojemos correr la carrera determinará nuestra calidad de vida, y la persona o el objeto que escogemos como meta determinará nuestra paz y gozo.

Todos nosotros iniciamos la carrera con un impedimento: Una naturaleza pecaminosa heredada que nos ata y nos sobrecarga de manera sutil, de modo tal que la carrera llega a ser de gran esfuerzo y fútil. Dios, por su gran amor, nos desata, nos libera de ese impedimento y nos da una nueva naturaleza comprada por medio de la muerte de su Hijo.

Cuando reconocemos nuestra ineptitud para correr a solas y aceptamos la redención bondadosa de Dios, la carrera comienza a adquirir significado, validez y por sobre todas las cosas libertad. Se ha dicho que «ninguno es libre de verdad sino aquellos a quienes Cristo ha hecho libres».[2] Lo somos en Cristo, pero debemos estar conscientes de que a menudo corremos la carrera cargando bagaje innecesario que puede ser un estorbo para nuestra libertad. ¿Cuál es esta libertad que Cristo ha posibilitado, y qué cosas pueden impedir que vivamos sin ataduras?

Despojémonos de todo peso

Se nos dice en Hebreos 12 que nos despojemos de cargas, o de peso o de estorbos que nos imposibilitan correr o progresar en nuestras vidas espirituales. Hannah Whitall Smith describe ese lastre como «todo aquello que nos preocupa, sea de índole espiritual o temporal».[3] G. Campbell Morgan comenta: «Cualquier cosa que tenga siquiera la más remota posibilidad de interferir con nuestra comunión debe ser apartada, alejada».[4]

---

1. Busca las siguientes palabras en un diccionario y luego anota una definición para cada una:

   a. *Libertad*

---

[2] Matthew Henry, *Matthew Henry's Commentary* [Comentario de Matthew Henry], vol. 5, Riverside Book & Bible House, n.d., Iowa Falls, IA, p. 995.

[3] Hannah Whitall Smith, *The Christian's Secret of a Happy Life* [El secreto de la vida cristiana feliz], Fleming H. Revell, n.d., Westwood, NJ, p. 38.

[4] G. Campbell Morgan, citado en *Closer Walk* [Un andar más íntimo], Walk Thru the Bible Ministries, Inc., 27 de agosto 1989.

b. *Esclavitud*

c. *Estorbo*

Todo peso, o sea, todo afecto desordenado por el cuerpo, la vida y mundo presentes. La preocupación desordenada por la existencia presente, o el apego a ella, es un pesado lastre para el alma que la jala hacia abajo cuando debiera ascender y la tira hacia atrás cuando debiera avanzar, hace que el deber y las dificultades sean más difíciles y pesados.[5]

MATTHEW HENRY

---

2. En su carta a los romanos Pablo describe la muerte de nuestra vieja vida y el regalo de una nueva en Cristo. Lee Romanos 6.1-14.

a. ¿Cómo se logra nuestra libertad?

b. ¿Cuáles son ahora nuestras opciones?

---

[5] Henry, *Matthew Henry's Commentary* [Comentario de Matthew Henry], vol. 6, p. 953.

3. ¿Cuáles son los estorbos, con los que luchas de manera particular, que te impiden experimentar la libertad en Cristo?

Corramos en libertad

4. Dios nos ha librado de la ley del pecado, de la muerte y de la tiranía del yo. ¿Qué es lo que enseña Pablo en Romanos 6.15-23 con respecto a la libertad que Dios nos da y la parte que nos corresponde para experimentarla? Escribe tus respuestas en las columnas apropiadas.

LA PARTE DE DIOS	NUESTRA PARTE

> Cuando hemos gustado de estar vivos, no podemos volver a estar muertos. La vida en Dios es atrapante.[6]
>
> NANCY GROOM

[6] Nancy Groom, *From Bondage to Bonding: Escaping Codependency, Embracing Biblical Love* [De las ataduras a la unión: Cómo huir de la codependencia y abrazar el amor bíblico], NavPress, Colorado Springs, CO, 1991, p. 117.

Fijemos nuestros ojos en Jesús

Durante toda su vida, Jesús fue el ejemplo de la libertad. Nunca permitió que nadie ni nada impidiera que cumpliese la voluntad de su Padre. Estando seguro de su identidad y su misión, vivió, ministró y sirvió con confianza y seguridad.

---

5. Lee la importante declaración de Jesús en Juan 8.31-32. ¿Qué piensas que quiere decir al hablar de «la verdad» y en qué sentido nos hace libres?

Pero, ¿cuál es la naturaleza de nuestra libertad? No es la emancipación de todo freno. No se trata de un permiso para abandonarnos a la naturaleza pecaminosa. Nuestra libertad es libertad para «servirnos el uno al otro en amor». Es posible hacer esto porque el Espíritu Santo nos capacita para actuar de maneras que son contrarias a los impulsos propios de nuestra naturaleza pecaminosa. Al caminar en el Espíritu somos liberados del viejo hombre que produce odio, celos, ataques de furia, envidia y otras cosas por el estilo. Recibimos libertad para ser amorosos, pacientes, bondadosos, fieles y buenos.[7]

LAWRENCE O. RICHARDS

REFLEXIÓN DE LA AUTORA

He oído de esclavos liberados por la Proclamación de Emancipación que aun así escogieron seguir viviendo en esclavitud. Para ellos la libertad era una incógnita atemorizante. Pienso en los israelitas emancipados del yugo en Egipto y sin embargo anhelaban la comida que recibían en cautiverio. Estaban dispuestos a volver a convertirse en esclavos sólo para satisfacer su apetito.

La libertad puede ser abrumadora y puede parecer que estamos sacrificando la «buena vida» para ser liberados por Cristo. El comprender verdaderamente el peso del pecado y del yo implica comenzar a apreciar el gran valor de nuestra

---

[7] Lawrence O. Richards, *Expository Dictionary of Bible Words* [Diccionario expositor de palabras bíblicas], Zondervan, Grand Rapids, MI, 1985, p. 296.

libertad en Cristo. Esta comprensión significa un proceso continuo. Yo cedo mi libertad cuando insisto en estar en control, al demandar mi propia felicidad y levantar paredes de protección. Todos estos comportamientos parecen correctos y dan sensación de comodidad, pero a la larga se convierten en pesadas cargas.

Dios claramente nos pide que «abandonemos» este incómodo y derrotista «viejo hombre». Pienso que esto por sobre todo significa comprender que es verdad que dispongo del poder necesario para despojarnos de estos estorbos. No es necesario que sea esclava del pecado de mí misma, o de otros para poder sentirme bien con respecto a quién soy. No necesito que el mundo me diga lo que me hará feliz. La verdadera libertad es comprender que fuera de Cristo no soy libre. Si de veras deseo experimentar esta «vida atrapante», deberé despojarme de todo lo que me impide llegar a estar verdaderamente viva. Esta es la única forma de correr.

La mayoría de los cristianos se parecen a un hombre que, doblado por una pesada carga, avanzaba lentamente por el camino cuando una carreta se le adelantó y el conductor bondadosamente se ofreció para ayudarlo. Aceptó con alegría, pero cuando se sentó en la carreta siguió doblado bajo el peso de su carga, la cual seguía sobre sus hombros. «¿Por qué no te quitas tu carga?», inquirió el amable conductor. El hombre le respondió: «Siento que casi es demasiado que me lleves a mí y no podría pensar siquiera en permitir que llevaras también mi carga». De esta manera existen cristianos que se han entregado al cuidado y la protección del Señor Jesús, pero que aún continúan doblegados bajo el peso de sus cargas y a menudo permanecen cargados y trabajados durante todo su viaje.[8]

HANNAH WHITALL SMITH

TU REFLEXIÓN

En forma de diario, o como oración al Señor, escribe tus pensamientos en respuesta a estas dos preguntas: *¿En qué áreas anhelas ser libre? ¿En qué forma se modificaría tu vida si pudieras experimentar la libertad de Dios en ellas?*

Memorización sugerida de las Escrituras
Hebreos 12.1

---

[8] Smith, p 38.

CAPÍTULO DOS

DESPOJÉMONOS DEL VIEJO YO:
Corramos con el nuevo yo

[...] despojaos del viejo hombre,
que está viciado conforme a los deseos engañosos,
y renovaos en el espíritu de vuestra mente,
y vestíos del nuevo hombre,
creado según Dios en la justicia
y santidad de la verdad.
EFESIOS 4.22-24

La práctica del autoexamen es una gran gracia de Dios;
pero el hacerlo demasiado es tan malo
como no hacerlo lo suficiente.[1]
TERESA DE ÁVILA

---

[1] Teresa de Ávila, citada en *The New Book of Christian Quotations* [El nuevo libro de citas cristianas], recopilado por Tony Castle, Crossroad, New York, 1989, p. 220.

El viejo yo constantemente demanda protección, promoción y servicio. Desea controlar nuestras vidas al punto de que todo lo que hagamos apunte a satisfacer esta naturaleza poderosa que está dentro nuestro. Este yo nos inutiliza y nos sobrecarga.

Jesús nos redimió de la esclavitud del yo y ahora nos da el poder para despojarnos de él. Cuánta liberación produce el hecho de no estar dominado por el viejo yo que nos quiere arruinar y engañar. Debemos aprender a despojarnos conscientemente de esta vieja naturaleza y vestirnos confiadamente de la nueva que se encuentra en Cristo. Reconocer nuestra vieja naturaleza y despojarnos de ella nos quita una de las cargas más pesadas. Cuando escogemos correr con nuestra nueva naturaleza damos un importante paso para llegar a ser una mujer libre.

Despojémonos del viejo yo

1. Proverbios 16.18 declara: «Antes del quebrantamiento es la soberbia, y antes de la caída la altivez de espíritu». Una parte de nuestra vieja naturaleza puede manifestarse de manera orgullosa al ser independiente y demostrar excesiva autoconfianza.

   Lee Mateo 26.31-35, donde se registra una conversación llevada a cabo la noche que Cristo fue traicionado. ¿En qué forma demostró Pedro su orgullo?

2. a. ¿Puedes recordar situaciones en las que has respondido con una actitud de «estoy segura que nunca haría eso»? Anota tus pensamientos.

   b. ¿Piensas que esta actitud surgía de una orgullosa confianza en ti misma? ¿Por qué, o por qué no?

3. Otra parte de nuestro viejo yo puede decirnos que no valemos, que nos pasa algo malo, que no podemos hacer nada. Encontramos una buena ilustración de este modo de pensar en Éxodo 4.10-14, lo cual ocurre en el desierto durante la visita de Dios a Moisés en la zarza ardiente.

   a. Lee estos versículos y explica cómo respondió Moisés a la orden de Dios de enfrentarse al Faraón y conducir a los israelitas fuera de la esclavitud en Egipto.

b. ¿Por qué crees que Dios respondió a Moisés como lo hizo? (versículo 14)

4. ¿Es aplicable este incidente en Éxodo a tus luchas contra tu propia ineptitud? ¿Por qué, o por qué no?

La autoaceptación es simplemente confiar en Dios en cuanto a quién soy, incluyendo mis ineptitudes y fallas físicas. Necesitamos aprender a pensar como George MacDonald cuando dijo: «Preferiría ser como Dios escogió hacerme, en lugar de ser la criatura más gloriosa que pudiese imaginar; pues el haber sido imaginado, nacido del pensamiento de Dios, y luego haber sido creado por Dios, es lo más caro, lo más grandioso y lo más precioso de todo pensamiento».[2]

JERRY BRIDGES

[2] George MacDonald, citado en *Trusting God* [Confiar en Dios], por Jerry Bridges, NavPress, Colorado Springs, CO, 1988, pp. 162-163.

5. Para ser libre es de fundamental importancia aceptarnos a nosotras mismas. ¿Cómo resumirías la enseñanza de Pablo en Romanos 12.3-8 respecto al concepto adecuado de ti misma?

6. Al estudiar los pasajes en las preguntas 1 al 5, ¿cuáles enseñanzas son más significativas para ti al desarrollar formas adecuadas de autoevaluación?

> Por la fe hemos accedido a una eterna relación con el Señor Jesucristo. El resultado de esto es que estamos muertos al pecado y vivos para Dios, y ahora estamos sentados con Cristo en lugares celestiales. En Cristo *somos* importantes, *somos* aptos, *somos* buenos. Satanás no puede hacer nada en absoluto para alterar nuestra posición en Cristo y nuestro valor para Dios. Pero puede llevarnos a ser virtualmente inoperantes si logra engañarnos para que lo escuchemos y creamos sus mentiras que nos acusan de ser de poco valor para Dios o para otros.[3]
>
> NEIL T. ANDERSON

[3] Neil T. Anderson, *The Bondage Breaker* [El destructor de ataduras], Harvest House, Eugene, OR, 1990, p. 141.

Corramos con el nuevo yo

La frustración de Pablo por causa de su vieja naturaleza lo lleva a lamentar: «¡Miserable de mí! ¿quién me librará de este cuerpo de muerte? Gracias doy a Dios, por Jesucristo Señor nuestro[...]» (Romanos 7.24-25). El Señor nos *ha* liberado: ya no hay necesidad de estar atrapadas por un ego inflado o cargadas por causa de un ego frágil.

---

7. Nuestra identidad en Cristo está expresada de manera hermosa en Efesios 1.3-14. Estudia este pasaje y anota todo lo que es verdad con respecto a nosotras ahora que tenemos un nuevo yo.

---

8. ¿De qué manera te ayuda este pasaje a comprender la verdad de que Dios no sólo te acepta sino, que te estima?

---

9. El recibir el amor y la redención de Dios nos libera para «despojarnos» de nuestro viejo yo. Lee los siguientes pasajes de las Escrituras y anota cualquier lección que descubras que te ayude a experimentar tu nueva vida en Cristo.

Lucas 9.23

2 Corintios 5.17

Gálatas 2.20

> El peso más grande que debemos cargar es la vida misma. Lo más difícil de manejar es el yo... Por lo tanto, al despojarte de tus cargas, la primera que debes tirar es tu propio yo. Entrégate... al cuidado y protección de Dios... Él te hizo y por lo tanto te comprende y sabe cómo conducirte, y debes confiar que Él lo hará.[4]
>
> HANNAH WHITALL SMITH

Fijemos nuestros ojos en Jesús

10. Jesús se despojó a sí mismo tomando forma de siervo, hecho semejante a los hombres (Filipenses 2.7). Lee Mateo 10.39. ¿En qué senti-

---

[4] Hannah Whitall Smith, citada en *Joy and Strength* [Gozo y fortaleza], editado por Mary Wilder Tileston, World Wide, Minneapolis, MN, 1988, p. 242.

do estás perdiendo tu vieja vida y hallando una nueva cuando comprendes la verdad de tu identidad en Cristo?

Así veríamos que lo que Dios quiere es que nos despojemos de todas nuestras cosas de manera que dependamos de Él para todo; descubriríamos que su propósito es llevarnos al punto de no tener nada aparte de Él.[5]

HENRIETTA MEARS

REFLEXIÓN DE LA AUTORA

Pareciera difícil despojarme de mi viejo yo. Una de las maneras en que se manifiesta es por medio de la falsa humildad. Contradigo a quien acaba de elogiarme de manera sincera. Luego me menosprecio verbalmente, ¡con la secreta esperanza de que alguien me contradiga! Todo esto es evidencia de la presencia del viejo yo. Ya sea que me enorgullezca de mi propia fuerza o que me eche tierra por causa de mis imperfecciones, constantemente me centro en mí misma.

El ser relevada de la necesidad de promover o proteger mi ego es una verdadera liberación. Soy del Señor: Él me ha creado, me ha salvado, me ha adoptado, y me ha dado dones por ser su hija. Mi vida es suya para vivirla para su gloria. Por eso puedo aceptar con gracia cualquier elogio o crítica (¡al menos casi siempre!).

Aprecio mucho la libertad de sí mismo que demostraba Pablo y su deseo de terminar bien la carrera: «Pero de ninguna cosa hago caso, ni estimo preciosa mi vida para mí mismo, con tal que acabe mi carrera con gozo, y el ministerio

---

[5] Henrietta Mears, *Closer Walk* [Un andar más íntimo], 24 de abril de 1991.

que recibí del Señor Jesús, para dar testimonio del evangelio de la gracia de Dios» *(Hechos 20.24).*

TU REFLEXIÓN

Las manifestaciones de tu viejo yo aparecen de muchas maneras: independencia orgullosa, imposibilidad de reconocer nuestro valor como individuos, falsas comparaciones de nosotras con otros. Escribe tus reflexiones sobre las áreas en las que eres especialmente susceptible a tomar sobre ti las cargas del viejo yo. Luego escribe una oración al Señor pidiéndole que te ayude a vivir en la libertad del nuevo yo en estas áreas.

Memorización sugerida de las Escrituras
Efesios 4.22-24

CAPÍTULO TRES

DESPOJÉMONOS DEL PASADO:
Corramos con perspectiva eterna

De modo que si alguno está en Cristo,
nueva criatura es; las cosas viejas pasaron;
he aquí todas son hechas nuevas.
2 CORINTIOS 5.17

De modo que la cruz no sólo pone punto final a la vida de Cristo,
también acaba con la vida primera, la vieja manera de vivir,
de cada uno de los que en verdad le siguen.
Destruye el viejo patrón, el patrón de Adán,
en la vida del creyente y le pone punto final.
Entonces el Dios que levantó de los muertos a Cristo
levanta al creyente y comienza una nueva vida.[1]
A.W. TOZER

---

[1] A.W. Tozer, *The Root of the Righteous* [La raíz de los justos], Christian Publications, Harrisburg, PA, 1955, p. 62.

Nuestro pasado puede, en distintos grados, agregar peso interno al alma. No prestar atención o no tratar bíblicamente las heridas, las violaciones y nuestro pecado puede estorbar e impedir nuestro crecimiento y progreso hacia la libertad. La buena noticia del evangelio es que Cristo nos libera del pasado y nos da nueva vida en Él. Esto no significa que las heridas profundas y la culpa desaparecerán automáticamente, pero sí implica que ahora tenemos libertad y poder para actuar con rectitud con nuestro pasado teniendo al Señor como apoyo y guía a lo largo del camino. Resulta increíble pensar que Dios puede darnos una vida nueva que no se encuentra encadenada al pasado sino que apunta a la eternidad.

Despojémonos del pasado

1. Al iniciar este capítulo tal vez te sea de ayuda recordar pérdidas o heridas significativas de tu pasado que aún estén pesando sobre ti. ¿En qué forma impiden estas cargas que puedas sentirte libre para vivir una nueva vida en Cristo?

2. Los pesos que llevamos desde el pasado nos afectan en el presente. No podemos cambiar el pasado, pero debemos tratar con el asunto de manera sincera para poder verdaderamente despojarnos de él. Los Salmos nos permiten echar una mirada penetrante a corazones angustiados que han sido aplastados por todo tipo de «enemigos». El reconocimiento sincero del salmista de su pérdida y dolor puede ser un ejemplo para nosotras.

a. El Salmo 142 revela que David estaba profundamente afligido por personas que lo estaban lastimando. Al leerlo, anota lo que descubras con respecto a cómo David manejó sus sentimientos delante del Señor.

b. ¿De qué maneras te incentiva al reconocimiento de tu pasado la sinceridad de David con Dios?

> También debemos dejar a un lado la negación de nuestras pérdidas. Si anteriormente habíamos adormecido nuestro enojo y dolor ante los reveses de la vida, ahora debemos enfrentarnos a nuestras pérdidas y a todas las emociones que las acompañan... La gracia me libera para que ya no minimice, justifique, o niegue mis pérdidas, sino que las encare con integridad y me entristezca por ellas. El salir de la negación de pérdidas pasadas ha sido fundamental en mi proceso de curación.[2]
>
> NANCY GROOM

3. Dios nos puede liberar de cualquier carga del pasado que aún nos mantiene cautivas, ya sea pecado cometido por nosotras o mal que nos hayan infligido. En los salmos siguientes, ¿qué descubrió el salmista con respecto a la liberación de esas antiguas cargas?

[2] Nancy Groom, *From Bondage to Bonding: Escaping Codependency, Embracing Biblical Love* [De las ataduras a la unión: Cómo huir de la codependencia y abrazar el amor bíblico], NavPress, Colorado Springs, CO, 1991, p. 166.

Salmo 32

Salmo 116

> Hoy somos aceptos en el Amado, hemos sido absueltos de pecado,
> justificados ante el tribunal de Dios. Ya fuimos perdonados; ya fue-
> ron descartados nuestros pecados; ya somos aceptos ante los ojos
> de Dios, como si nunca hubiésemos sido culpables. Ahora mismo
> no hay pecado en el libro de Dios contra alguno de su pueblo.
> ¿Quién se atreve a culparlos de algo? No existe partícula, ni man-
> cha, ni arruga, ni cosa por el estilo que continúe sobre algún cre-
> yente en lo que respecta a la justificación ante los ojos del Juez de
> toda la tierra.[3]
>
> CHARLES SPURGEON

Corramos con perspectiva eterna

4. Al despojarnos del pasado, podemos comenzar a ver la vida desde el
   punto de vista de Dios, a la luz de la eternidad. ¿Cómo pueden los siguientes versículos ayudarnos a colocar nuestro pasado en la perspectiva adecuada?

   2 Corintios 4.16-18

   Filipenses 3.12-14

---

[3] Charles H. Spurgeon, citado en *Closer Walk* [Un andar más íntimo], 13 de febrero de 1990.

> Nuestros días pasados nos presentan cosas irreparables; es verdad que hay oportunidades perdidas que nunca volverán, pero Dios puede transformar esta ansiedad destructiva en una constructiva reflexión para el futuro. Permite que el pasado duerma, pero que duerma recostado sobre el pecho de Cristo.[4]
>
> OSWALD CHAMBERS

Fijemos nuestros ojos en Jesús

5. Isaías aporta una visión profunda a la vida de Jesús. Al fijar nuestros ojos en Él nos damos cuenta de que estaba íntimamente familiarizado con el dolor y el rechazo. Amy Carmichael escribe: «La mano que toca es la mano que fue horadada, una mano horadada es tierna; conoce la sensación de dolor».[5] Lee Isaías 53 y anota tus pensamientos con respecto a la comprensión y el consuelo de Cristo para con tus heridas pasadas.

REFLEXIÓN DE LA AUTORA

Una carga de mi pasado que demora en irse es el querer ser perfecta para poder ser acepta ante Dios y otras personas. Cuando fallo, tiendo a desear desaparecer del planeta. ¡Me recrimino y renuevo mi promesa de no permitir que vuelva a suceder!

Me anima escuchar a Pablo decir que no era perfecto y que no permitiría que su pasado le dictara su comportamiento presente. Ciertamente Dios no espera que sea perfecta; ¡en cierto sentido se alegra cuando hago algo bien! Para mí ha

---

[4] Oswald Chambers, *My Utmost for His Highest* [En pos de lo supremo], Barbour and Company, Westwood, NJ, 1935, 31 de diciembre.

[5] Amy Carmichael, *Thou Givest... They Gather* [Tú das... ellos recogen], Christian Literature Crusade, Washington, PA, 1958, p. 186.

sido una liberación saber que Dios puede romper los patrones destructivos. Él pue-de guiarnos a enfrentarnos con las profundas heridas de nuestro pasado al pro-veernos de consejeros sabios, amigos fieles y de su Espíritu. Él y sólo Él, puede qui-tar nuestro pecado y nuestra culpa.

Dios está dedicado a la libertad y a la novedad, y al reconocer mi pasado y confesar mi pecado puedo comenzar a experimentar su libertad. Él entrega vi-das nuevas a cambio de viejas.

Me gusta lo que dice Nancy Groom: «El propósito de la gracia no es el de hacer que seamos perfectos sino para mostrarnos nuestra necesidad de un Salva-dor, luego revelarnos cuál es el que necesitamos, después infundirnos un deseo ar-diente de parecernos cada vez más a Él. La vida de Jesús en nosotros se hará evi-dente al abrirnos a su gracia, pero en esta vida nuestro estado caído está entrelazado con nuestra humanidad y seremos imperfectos hasta que lleguemos a nuestro Hogar».[6] El contar con un hogar eterno nos permite renunciar a nuestro pasado.

Has sido dañada. Pero tienes gran esperanza. La misericordia de Dios no erradica el daño, al menos no en esta vida, pero consuela el alma y la lleva adelante a una esperanza que purifica y libera. Per-mite que el dolor del pasado y la lucha del proceso de cambio gene-ren una fresca vida nueva en ti y que sirvan de puente sobre el cual otra víctima pueda caminar de la muerte a la vida.[7]

DAN ALLENDER

TU REFLEXIÓN

Al revisar este capítulo, anota (ya sea en forma de diario o como oración al Señor) tus sentimientos del pasado y cómo deseas que el Señor te guíe y te ayude a alcanzar la libertad.

Memorización sugerida de las Escrituras
2 Corintios 5.17

---

[6] Groom, p. 179.

[7] Dan Allender, *The Wounded Heart: Hope for Adult Victims of Childhood Sexual Abuse* [El corazón herido: Espe-ranza para víctimas adultas de abuso sexual infantil], NavPress, Colorado Springs, CO, 1990, p. 247.

CAPÍTULO CUATRO

DESPOJÉMONOS DE LA NECESIDAD DE COMPLACER A OTROS:

Corramos en comunión con los demás

Pues, ¿busco ahora el favor de los hombres,
o el de Dios? ¿O trato de agradar a los hombres?
Pues si todavía agradara a los hombres,
no sería siervo de Cristo.
GÁLATAS 1.10

El confiar en Dios implica perder nuestra agenda,
nuestra antorcha encendida, de manera que muramos
a nuestra tendencia de vivir una mentira.
Requiere que perdamos nuestras formas de relacionarnos
que son rígidas, autoprotectoras y deshonran a Dios,
para poder abrazar la vida tal como debe ser vivida:
en humilde dependencia de Dios
y en apasionado compromiso con otros.[1]
DAN ALLENDER

---

[1] Dan Allender, *The Wounded Heart: Hope for Adult Victims of Childhood Sexual Abuse* [El corazón herido: Esperanza para víctimas adultas de abuso sexual infantil], NavPress, Colorado Springs, CO, 1990, p. 174.

Para muchos de nosotros, el despojarnos de nuestra inclinación a vivir buscando la aprobación de los demás resulta ser un gran alivio. Es difícil concentrarse en correr nuestra carrera para la gloria de Dios cuando siempre estamos mirando en derredor para ver si otros están complacidos con nuestra actuación. El estar atados a los sentimientos caprichosos de la gente es un peso que debe ser enfrentado y descartado.

Nancy Groom denomina «adictos a la aprobación» a aquellos que buscan complacer a la gente.[2] La necesidad de buscar constantemente la aceptación de otros sólo conduce a mayor esclavitud y nuestras necesidades profundas no serán satisfechas.

Sólo el Señor puede satisfacer plenamente nuestros anhelos internos. El fijar nuestros ojos en Jesús y sólo en Él nos permite recibir su amor incondicional e inmutable. Luego su amor nos capacita para relacionarnos libremente con otros de una manera adecuada para poder disfrutar de verdadera comunión.

Necesitamos recibir ánimo, consejos y amor los unos de los otros. ¡Sería difícil correr una carrera si no tuviésemos alrededor nuestro a otros que mostrasen interés en nuestro progreso! Este saludable sentido de reciprocidad surge de nuestra completa seguridad en Cristo. Al ir relacionándonos bíblicamente con la gente, nuestra carrera se vuelve una experiencia de gran libertad y placer.

Despojémonos de la necesidad de complacer a otros

1. Juan 12.42-43 provee un ejemplo de personas cediendo ante la presión de sus semejantes. ¿Por qué piensas que respondieron como lo hicieron?

---

[2] Nancy Groom, *From Bondage to Bonding: Escaping Codependency, Embracing Biblical Love* [De las ataduras a la unión: Cómo huir de la codependencia y abrazar el amor bíblico], NavPress, Colorado Springs, CO, 1991, p. 35.

2. ¿De qué manera describirías tus tendencias a vivir en busca de la aprobación de otros en lugar de la de Dios?

Los «adictos a la aprobación» viven como rehenes de las opiniones y juicios de otras personas con respecto a sus pensamientos, motivaciones, sentimientos o conductas. Los que buscan aprobación caen bien; es necesario que así sea... Pero el complacer a la gente no es de Dios, ni es saludable. Los complacientes por lo general acaban por sentirse usados, despreciados, y compelidos a llegar a ser de todo para todos para poder mantener su imagen y recibir aprobación constante. Aparecen como dadores, pero en realidad son esclavos de su necesidad insaciable de ser admirados.[3]

NANCY GROOM

---

3. ¡Nadie podría acusar a Pablo de ser un buscador de aprobación! Su pasión era agradar a Dios. Estudia 1 Tesalonicenses 2.1-12. Describe las formas en que Pablo se relacionaba con los tesalonicenses en libertad en lugar de hacerlo por necesitar su aceptación.

[3] Groom, p. 35.

4. Pablo escribió: «Por lo cual, siendo libre de todos, me he hecho siervo de todos para ganar a mayor número» (1 Corintios 9.19). ¿Qué cosa revela 1 Corintios 2.1-5 acerca del motivo por el que Pablo estaba libre para ser vulnerable e involucrarse íntimamente en las vidas de otros?

5. Si pudieras adoptar la libertad de Pablo al relacionarse en reemplazo de tus tendencias buscadoras de aprobación, ¿de qué manera cambiaría tu vida?

> Nuestra unión con Jesús es la base del vínculo con nuestros hermanos en Cristo. Por causa de ese vínculo tan vital y real, podemos vivir los unos con los otros en una intimidad que resulta imposible en cualquier otro entorno.[4]
>
> LAWRENCE O. RICHARDS

Corramos en comunión con otros

Nuestra plenitud en Cristo nos capacita para ser una parte integral del cuerpo de creyentes de manera que podamos exhortar, animar y servirnos los unos a los otros. No nos apartamos de la gente por el hecho de

---

[4] Lawrence O. Richards, *Expository Dictionary of Bible Words* [Diccionario expositor de palabras bíblicas], Zondervan, Grand Rapids, MI, 1985, p. 276.

que Cristo sea nuestra suficiencia; más bien, su suficiencia hace que nos lancemos en confianza arriesgándonos a la intimidad con los demás.

6. ¿Qué cosa nos enseñan los siguientes pasajes con respecto a cómo hemos de participar de esta vital comunión de creyentes?

Juan 13.34-35

1 Tesalonicenses 5.14-15

Hebreos 10.23-25

> Agrada a tu prójimo, pero no en todo, porque no es una regla ilimitada; sino *para su bien,* especialmente para el bien de su alma: no con el fin de complacerlo sirviendo a sus deseos malvados, y agradándolo de una manera pecaminosa, o cediendo ante sus tentaciones, o permitiendo que el pecado lo venza. Este es un modo bajo de complacer a nuestro prójimo llevando su alma a la ruina: si agradamos a los hombres de esta manera, no somos siervos de Cristo. Complácelo para su bien, no para nuestro bien secular, ni para hacer de él una presa, sino para su bien espiritual, para edificación. Es decir, que no sea sólo para su provecho sino para el de otros, para la edificación del cuerpo de Cristo, con la intención de ayudar el uno al otro.[5]
>
> MATTHEW HENRY

[5] Matthew Henry, *Matthew Henry's Commentary* [Comentario de Matthew Henry], vol. 6, Riverside Book & Bible House, n.d., Iowa Falls, IA, pp. 482-483.

7. Según tu parecer, ¿cuáles son tus áreas más fuertes y las más débiles en la comunión con otros creyentes?

Fijemos nuestros ojos en Jesús

8. Jesús dijo: «Porque el que me envió, conmigo está; no me ha dejado solo el Padre, porque yo hago siempre lo que le agrada» (Juan 8.29). El Señor amaba y ministraba profundamente a la gente, pero nunca rebajó la verdad ni su misión por causa de lo que podría pensar la gente. Lee estos pasajes de las Escrituras y describe cómo se relacionó Jesús con los fariseos y con la multitud.

Mateo 9.9-13

Marcos 1.35-38

9. ¿Cómo puedes seguir el ejemplo de Jesús en tu relación con la gente?

Nuestro Señor... nunca fue desconfiado, nunca estuvo amargado, nunca se desesperó por causa de ningún hombre, porque puso a Dios en el primer lugar de su confianza; Él confiaba absolutamente en lo que la gracia de Dios podía hacer por cualquier hombre. Si primeramente pongo mi confianza en los seres humanos, acabaré desesperanzado por todos; me amargaré, porque he insistido en que el hombre sea lo que ninguno puede llegar a ser jamás: absolutamente recto. Nunca confíes en nada excepto en la gracia de Dios dentro de ti o dentro de cualquier otro.[6]

OSWALD CHAMBERS

REFLEXIÓN DE LA AUTORA

Hace varios años fui oradora en un seminario y por casualidad leí varias de las evaluaciones. Algunos de los comentarios sobre mí no eran demasiado favorables: no era divertida; era demasiado seria. Y por ser complaciente, ¡también quedé devastada! Me presenté al Señor y dije: «Es suficiente, Señor, tomo voto de silencio; nunca volveré a hablar en público».

Durante los próximos días, Dios comenzó a hablar a mi corazón con mucha suavidad. Esto es lo que escuché: «Aparentemente lo único que te preocupa es si le caíste bien a la gente o no. ¿Tiene importancia para ti lo que yo pienso? Si yo estoy complacido con lo que haces, ¿te basta? Si yo deseo que hables y nadie responde, ¿hablarás sólo para mí?»

No ha sido fácil despojarme de mi tendencia a complacer a la gente. Aún estoy en el proceso, pero estoy empezando a experimentar la increíble libertad que

---

[6] Oswald Chambers, *My Utmost for His Highest* [En pos de lo supremo], Barbour and Company, Westwood, NJ, 1935, 31 de mayo.

resulta de soltar esa carga en mi vida. Al apropiarme del insondable amor del Señor por mí y apuntar mi corazón a agradarle sólo a Él, entonces descubro que puedo dar de mí a otros como nunca pude hacerlo con anterioridad cuando estaba dedicada a lograr su aprobación. Necesito ser sensible y franca a las opiniones de otros, pero ya no me paralizo por no haber complacido a todos.

Ahora puedo hablar la verdad en amor y con confianza. Puedo tener comunión y servir en libertad. También ser vulnerable y rendir cuentas ante los demás porque no estoy a la búsqueda de quedar bien, ni actúo con el fin de ser aceptada. Realmente aprecio y valoro comentarios positivos de las personas, pero ya no me resultan indispensables para correr mi carrera.

TU REFLEXIÓN

Tómate unos minutos para reflexionar en oración sobre tu necesidad de dependencia de Dios, tus patrones de búsqueda de aprobación y tu deseo de comunión bíblica con otros. Anota lo que sientes que el Señor te está diciendo, o cómo deseas que Él te libere para alcanzar mayor seguridad en Cristo y verdadera comunión con las personas.

Memorización sugerida de las Escrituras
Gálatas 1.10

CAPÍTULO CINCO

DESPOJÉMONOS DE LA AMARGURA:
Corramos con perdón

Quítense de vosotros toda amargura, enojo, ira,
gritería y maledicencia, y toda malicia.
Antes sed benignos unos con otros, misericordiosos,
perdonándoos unos a otros,
como Dios también os perdonó a vosotros en Cristo.
EFESIOS 4.31-32

Tenemos motivo para sospechar de nuestra religión
si no hace que seamos gentiles, pacientes y clementes;
si el amor de nuestro Señor no nos inunda los corazones
de manera que sean limpios de toda amargura,
rencor e ira. Si un hombre fomenta enojo,
si permite que su mente llegue a ser un nido
de pasiones inmundas, malicia, odio y deseos malignos,
¿cómo puede morar en él el amor de Dios?[1]
HUGH BLACK

---

[1] Hugh Black, citado en *Joy and Strength* [Gozo y fortaleza], editado por Mary Wilder Tileston, World Wide, Minneapolis, MN, 1988, p. 245.

¡**C**uán directa y específica es la Palabra de Dios en lo que se refiere a remover, alejar y despojarnos de toda amargura, ira y enojo! Estas emociones revelan profundas y persistentes cargas que se adhieren a nosotras y continuamente nos impiden correr nuestra carrera en libertad.

La amargura y el enojo que debemos enfrentar en este capítulo son de la variedad que fomentamos: «han echado raíces» y moran dentro nuestro para entrometerse y explotar a su antojo. *Orge,* la palabra griega que significa enojo, «sugiere un estado mental más establecido o permanente, frecuentemente apuntando a tomar revancha».[2] *Pikria,* el vocablo griego que se usa para amargura, significa «cortar, punzar, de allí, lit., puntiagudo, aguzado, afilado, picante a los sentidos del gusto, del olfato, etc.»[3] ¿Alguna vez has corrido y luego sentido una aguda punzada en tu costado? A eso se parece vivir a diario con amargura. ¡Con razón se nos dice que «la quitemos de nosotros»!

Despojémonos de la amargura

1. Las raíces de amargura a menudo permanecen enterradas y aparecen sólo ocasionalmente para punzar nuestra conciencia al traer a la superficie recuerdos dolorosos. ¿Qué experiencias en tu vida, según tu parecer, son las que provocan un dejo de amargura?

2. Los sinónimos de amargura incluyen: «amargor, aflicción, pena, pesadumbre, pesar, tribulación, disgusto, sufrimiento, desconsuelo». ¡Qué desagradables resultan estas palabras! La Palabra de Dios se refiere a

[2] W.E. Vine, *An Expository Dictionary of New Testament Words* [Un diccionario explicativo de palabras del Nuevo Testamento], Fleming H. Revell, Old Tappan, NJ, 1966, p. 55.
[3] Vine, p. 129.

estas emociones. ¿Qué consejo da Pablo en Efesios 4.25-32 con respecto al enojo y la amargura?

3. El autor de Hebreos habla específicamente de una *raíz* de amargura. Para poder comprender el contexto de este versículo, es necesario leer detenidamente Hebreos 12.1-17. Después anota tus pensamientos que surjan de estas preguntas.

a. ¿De qué forma debemos correr la carrera? (versículo 1)

b. ¿En qué manera es Jesús un ejemplo para nosotras? (versículos 2-4)

c. ¿Qué actitud hemos de tener ante la disciplina de Dios? (versículos 5-13)

d. ¿Cuál es el objetivo de la enseñanza de Dios? (versículos 10-13)

e. ¿Por qué hemos de seguir la paz y la santificación? (versículos 14-17)

f. ¿Por qué piensas que el escritor incluye una advertencia con respecto a la amargura (versículo 15) en este contexto?

La amargura en el Nuevo Testamento se enfoca como ese estado mental airado y resentido que puede evolucionar cuando atravesamos por dificultades... El escritor [de Hebreos] describe las dificultades que entran a nuestras vidas y se refiere a ellas como la disciplina de Dios. Son un tipo de enseñanza que Dios en amor ha determinado que necesitamos para nuestro propio bien. Las experiencias aplastantes nunca parecen agradables al momento de sufrirlas. Son dolorosas. Sólo más tarde podemos ver su fruto en forma de fruto apacible de justicia. Pero una experiencia que tiene como objetivo nuestro bien puede transformarse en amargura. El escritor señala que para beneficiarnos según el propósito de Dios, no debemos ceder lugar a la desesperación. Debemos luchar, a la manera santa de Dios, por vivir en paz con los que nos rodean y no dar lugar a la amargura... El remedio para la amargura, entonces, es apropiarnos de la gracia de Dios.[4]

LAWRENCE O. RICHARDS

[4] Lawrence O. Richards, *Expository Dictionary of Bible Words* [Diccionario expositor de palabras bíblicas], Zondervan, Grand Rapids, MI, 1985, pp. 127-128.

4. Jeremías describe vívidamente su amargura (y la de los israelitas) en Lamentaciones 3. Lee los siguientes versículos en este capítulo y comenta acerca de la forma en que Jeremías manejó sus sentimientos de amargura.

Versículos 5,15,19-20

Versículos 21-26

Versículos 39-40

Versículos 57-59

5. La amargura es intensamente personal, tal como lo confirma el autor de Proverbios: «El corazón conoce la amargura de su alma[...]» (14.10). ¿Has tenido la tendencia a ignorar tus propias raíces de amargura, al pensar que se irían si fuesen pasadas por alto, o al temer que el resolverlas sería una tarea demasiado difícil? De ser así, anota tus pensamientos con respecto a los distintos efectos que estas raíces no atendidas han tenido sobre tu vida.

> La amargura surge en nuestros corazones cuando no confiamos en el gobierno soberano de Dios en nuestras vidas. Si alguna vez hubo alguien que tenía razón de estar amargado, fue José. A pesar de haber sido vendido como esclavo por sus hermanos celosos, acusado falsamente por la esposa inmoral de su amo y olvidado por uno al que había ayudado en la prisión, nunca perdió de vista el hecho de que Dios estaba en control de todo lo que le sucedía. Al final pudo decir a sus hermanos: «Vosotros pensasteis mal contra mí, mas Dios lo encaminó a bien, para hacer lo que vemos hoy, para mantener en vida a mucho pueblo» (Génesis 50.20).[5]
>
> JERRY BRIDGES

Corramos con perdón

6. Para evitar albergar amargura hacia quienes nos hieren, debemos darnos cuenta de que la gracia de Dios nos capacita para perdonar de la misma manera que hemos sido perdonados. ¿Qué cosa nos enseñan los siguientes pasajes con respecto al perdón?

Efesios 1.7-8

1 Juan 1.9

---

[5] Jerry Bridges, *The Pursuit of Holiness* [En pos de la santidad], NavPress, Colorado Springs, CO, 1978, p. 122.

El perdón es el milagro divino de la gracia; a Dios le costó la cruz de Jesucristo para poder perdonar el pecado y seguir siendo un Dios santo... La santificación se trata simplemente de la expresión maravillosa del perdón de pecados en una vida humana, pero lo que activa la más profunda fuente de gratitud en una persona es el hecho de que Dios ha perdonado el pecado. Pablo nunca se olvidó de esto. Cuando comprendas cuánto le costó a Dios perdonarte, estarás atrapado como en un tornillo de banco sujeto por el amor de Dios.[6]

OSWALD CHAMBERS

---

7. ¡Nuestro perdón es un milagro divino! Sin embargo, junto con este perdón viene la responsabilidad de extenderlo a otros. El perdón significa «remitir, cancelar, eximir, disculpar». ¿Qué nos enseña la parábola de Jesús en Mateo 18.21-35 acerca de perdonar a otros?

---

8. ¿De qué manera apoya Pablo, con su exhortación en Colosenses 3.12-13, la enseñanza de Jesús en la parábola del siervo malvado?

---

[6] Oswald Chambers, *My Utmost for His Highest* [En pos de lo supremo], Barbour and Company, Westwood, NJ, 1935, 20 de noviembre.

No perdonas a una persona sólo por su bien; lo haces por el tuyo propio para poder ser libre. Tu necesidad de perdonar no es un asunto entre tú y el ofensor; es entre tú y Dios. El perdón es aceptar vivir con las consecuencias del pecado de otro. El perdón cuesta; pagamos el precio del mal que perdonamos. Sin embargo, deberás vivir enfrentándote a esas consecuencias ya sea que lo quieras o no; lo único que puedes escoger es si lo harás con amargura por la falta de perdón, o con la libertad que da el perdón... El perdón controla tu dolor, no la conducta de otro.[7]

NEIL T. ANDERSON

Fijemos nuestros ojos en Jesús

El Señor nos da un hermoso ejemplo de gracia y perdón. Él enfatizó tanto la enseñanza del perdón porque es sumamente vital para nuestra libertad. Charles Swindoll escribe: «[Jesús] dijo que los que rehusamos a perdonar —los que vivimos en profunda amargura— nos convertiremos en víctimas de tortura, es decir intenso tormento *interior*... Por tu bien, permíteme que te anime a abandonar ahora toda amargura... La ruta de escape está claramente demarcada. Conduce a la cruz... donde el único que tenía derecho a estar amargado no lo estuvo».[8]

---

9. ¿Qué puedes descubrir del ejemplo de Jesús al hacer frente a la amargura provocada por la gente que te ha herido? Véase Lucas 23.32-34.

---

[7] Neil T. Anderson, *The Bondage Breaker* [El destructor de ataduras], Harvest House, Eugene, OR, 1990, pp. 195,197.

[8] Charles Swindoll, *Growing Strong in the Seasons of Life* [Crecimiento vigoroso en las estaciones de la vida], Multnomah Press, Portland, OR, 1983, p. 167.

REFLEXIÓN DE LA AUTORA

La amargura y el enojo verdaderamente son cargas pesadas. Pero al responder a nuestro dolor aprendemos a resistir y comprendemos que todo esto forma parte del proceso de santificación: llegar a ser como Jesús. Para mí ha sido importante aprender a perdonar al reconocer primero mi dolor y mis sentimientos ante el Señor, tal como lo hizo Jeremías. Me es de ayuda anotar mis sentimientos para poder expresar plenamente mis emociones.

Uno de mis pasajes favoritos es el Salmo 55. En él, David relata su experiencia de haber sido abandonado por un amigo cercano. Está devastado, pero escribe: «En cuanto a mí, a Dios clamaré; y Jehová me salvará. Tarde y mañana y a mediodía oraré y clamaré, y Él oirá mi voz» (versículos 16-17). Finaliza dando ánimo a todos: «Echa sobre Jehová tu carga, y Él te sustentará[...]» (versículo 22).

¿A dónde más podemos ir a cualquier hora del día o de la noche cuando sufrimos? Oswald Chambers hace esta observación: «La oración es el ejercicio de tomar de la gracia de Dios».[9] Sólo al tomar de su gracia puedo perdonar, al tener la confianza de que es por mi bien y que hago lo que Dios me ha pedido hacer: amar. La amargura nos esclaviza, pero nada puede librarnos de la manera que lo hace el perdón. Nadie debería correr sin él.

TU REFLEXIÓN

Tómate un tiempo para considerar en oración lo que el Señor puede estar diciéndote acerca del manejo de la amargura en tu vida. Anota tus pensamientos.

Memorización sugerida de las Escrituras
Efesios 4.31-32

---

[9] Chambers, 26 de junio.

CAPÍTULO SEIS

DESPOJÉMONOS DE LA ACTIVIDAD EXCESIVA:

Corramos con descanso

[...] porque llamé, y nadie respondió; hablé, y no oyeron,
sino que hicieron lo malo delante de mis ojos,
y escogieron lo que me desagrada.
ISAÍAS 66.4

Únicamente mediante una relación con el Señor
podemos experimentar la bendición del descanso
que Dios tiene para los que confían en Él.[1]
LAWRENCE O. RICHARDS

---

[1] Lawrence O. Richards, *Expository Dictionary of Bible Words* [Diccionario expositor de palabras bíblicas], Zondervan, Grand Rapids, MI, 1985, p. 254.

Escuché a alguien decir que muchos estamos tan ocupados que si Dios quisiera hablarnos, ¡tendría que dejarnos un mensaje en nuestro contestador telefónico!

Mi actividad excesiva fue una de las cosas que me llevó a estudiar nuestra libertad en Cristo. Tomé conciencia de que la carrera frenética en la que me encontraba probablemente no era la carrera (ni el ritmo) que el Señor me tenía preparada. Charles Swindoll dice que «Dios quiere que nuestro estilo de vida sea más sencillo de lo que muchos de nosotros comprendemos».[2] La comprensión de lo que significa servirle se vuelve una nebulosa dentro de nuestro afán sumado a nuestra vieja naturaleza pecaminosa.

En la actualidad, la mayoría de nosotros corremos en el carril de alta velocidad de la vida. Elegimos este «carril» por múltiples motivos. Debemos examinar el excesivo peso de la actividad constante, pues tendremos dificultad para acabar nuestra carrera si nos desplazamos a la velocidad que algunos lo hacen. Si hemos de perseverar, debemos aprender a *correr* con *descanso*, el bienestar y el refrigerio que el Señor nos provee con tanto amor.

Despojémonos de la actividad excesiva

1. Al correr tu carrera diaria, ¿cuáles son las banderas rojas que te hacen saber que estás demasiado ocupada?

2. ¿Cuáles son las guías que nos da Pablo en Colosenses 1.9-12 para vivir de manera prudente dependiendo del Señor?

[2] Charles Swindoll, *Growing Strong in the Seasons of Life* [Crecimiento vigoroso en las estaciones de la vida], Multnomah Press, Portland, OR, 1983, pp. 175-176.

No seas tan necio como para pensar que servimos mejor a Dios mediante la actividad constante a costa de dolores de cabeza y falta de descanso. Soy de la opinión de que tal vez estemos haciendo demasiado. Queremos, al menos este es mi propio deseo, una calidad superior de trabajo. Nuestra labor debería ser mantener una comunión constante con nuestro bendito Señor; entonces tendremos pleno descanso, al permanecer Dios en nosotros; aquello que hagamos no será nuestro, sino de Él.[3]

JOHN KENNETH MACKENZIE

---

3. Dios presta mucha atención a la forma en que utilizamos nuestro tiempo y nuestras habilidades. Lee 1 Corintios 3.10-13, y reflexiona sobre cómo tu actividad excesiva podría ser caracterizada como «madera, heno y hojarasca» en lugar de algo de valor permanente como «oro, plata y piedras preciosas». ¿En qué te impide la actividad excesiva que vivas de la manera que realmente te gustaría vivir?

---

4. Pregúntate *por qué* te mantienes ocupada. Marca cualquiera de las razones señaladas a continuación que se apliquen a ti. (Tal vez desees agregar tus propias ideas a la lista.)

☐ Hay demasiadas demandas sobre mi vida.
☐ Me gusta sentir que me necesitan.
☐ Me agrada la aprobación que recibo de otros.
☐ Me cuesta decir que no.
☐ Me siento culpable si no estoy ocupada.
☐ Si me mantengo ocupada no es necesario que me enfrente a las áreas difíciles de mi vida.

[3] John Kenneth Mackenzie, citado en *Joy and Strength* [Gozo y fortaleza], editado por Mary Wilder Tileston, World Wide, Minneapolis, MN, 1988, p. 49.

- ☐ Mantenerme ocupada me releva de la necesidad de tomar decisiones con respecto a cómo invertir mi tiempo.
- ☐ La actividad excesiva me da una sensación de control sobre mi vida.
- ☐ Otro:

Cuando nos detenemos para hacer una evaluación, nos damos cuenta de que nuestro dilema va más allá de la escasez de tiempo; básicamente se trata de un problema de prioridades... Tenemos la sensación incómoda de que posiblemente no hayamos hecho lo importante. Los vientos de las demandas de otros nos han hecho encallar en un arrecife de frustración. Confesamos, dejando de lado nuestros pecados: «Hemos dejado sin hacer las cosas que debiéramos haber hecho; y hemos hecho aquellas que no debiéramos haber hecho».[4]

CHARLES E. HUMMEL

Corramos con descanso

Si corremos, ¿cómo podemos descansar al mismo tiempo? El descanso físico es muy importante, pero para poder seguir corriendo también necesitamos un reposo *interior*: la paz y el refrigerio que vienen solamente del Señor. Oswald Chambers lo describe así: «Yo te sustentaré. No dice: te pondré en la cama, tomaré tu mano y te cantaré hasta que te duermas, sino: te haré levantar de la cama, salir del desfallecimiento y del agotamiento, superar el estar medio muerto en vida; te imbuiré del espíritu de vida y serás sustentado por la perfección de la actividad vital».[5]

El descanso de Dios puede ser nuestro. Viene como producto de permanecer en Él y seguir activos en *sus asuntos*, no en nuestras ocupaciones.

---

[4] Charles Hummel, «Tyranny of the Urgent» [La tiranía de lo urgente] en *Discipleship Journal 10* [Jornal de discipulado 10], no. 6, Edición sesenta, noviembre/diciembre 1990, p. 27.

[5] Oswald Chambers, *My Utmost for His Highest* [En pos de lo supremo], Barbour and Company, Westwood, NJ, 1935, 11 de junio.

5. Lee los siguientes pasajes y luego escoge uno que le hable con mayor fuerza a tu deseo de liberación de actividad excesiva. Anota tus pensamientos acerca de cómo puede ayudarte esta Palabra del Señor a experimentar el verdadero descanso que Él ofrece.
Salmo 23.1-3, Eclesiastés 4.6, Isaías 30.15-16, Jeremías 6.16, Mateo 11.28-30

> ¡Qué es «descansar en Dios», sino el movimiento instintivo de levantar la mirada del espíritu hacia Él; el confiarle todas las penas y temores, y sentirse fortalecido, paciente, esperanzado al hacerlo! Implica una disposición a permitir que Él escoja por nosotros, una convicción de que el orden de todo lo que nos concierne está más seguro en sus manos que en las nuestras.[6]
>
> JAMES D. BURNS

6. Con sabiduría se ha dicho: «No podemos compensar el fracaso en nuestra vida devocional al redoblar la energía en el servicio».[7] Las dos hermanas, María y Marta, son vivas imágenes de «descanso» y «actividad excesiva». El Señor estaba en el hogar de ellas y observó las decisiones que tomaba cada una para servirle a Él. Lee Lucas 10.38-42.

a. ¿Cómo respondió Jesús a cada una de las hermanas?

---

[6]James D. Burns, citado en *The Treasury of David* [El tesoro de David], por Charles H. Spurgeon, vol. 1, Mac-Donald, n.d., McLean, VA, p. 184.

[7]W.H. Griffith Thomas, citado en *Closer Walk* [Un andar más íntimo], junio 1990.

b. ¿Qué piensas que quiso declarar Jesús cuando dijo que María había escogido la «buena parte» o qué era «mejor»?

Las veces que he trabajado en demasía, causando mi propia desdicha y la de todos los demás, ha sido porque tenía una excesiva necesidad del aprecio de la gente, o de su lástima, o de su admiración. Intentaba probar que valía algo por medio de mi arduo trabajo... Pero cuando el servicio se convierte en dolor, o en un medio de ganancia personal, debe ser restringido para poder acceder al bien mayor que es el descanso en la presencia de Cristo. Dios te ha llamado a ser su amado, no su bestia de carga.[8]

FRANK BARKER

Fijemos nuestros ojos en Jesús

7. Alguien ha observado que Jesús nunca estaba apurado. Su vida demuestra la importancia de tomarse el tiempo para estar con nuestro Padre. Al leer Lucas 5.15-16, anota tus pensamientos con relación a la necesidad de apartarse para poder descansar de la actividad excesiva.

REFLEXIÓN DE LA AUTORA

Al examinar mi programa de actividades, he descubierto mi tendencia a «ocuparme» de manera que pueda esquivar la realización de algunas de las cosas importantes de mi vida que requieren de disciplina. Las actividades o responsabilidades que pospongo cubren una gama que va desde escribir cartas hasta la ejecución de proyectos de envergadura. Si estoy ocupada haciendo cosas «buenas», dispongo de una excusa adecuada para no hacer las otras importantes.

[8] Frank Barker con Maureen Rank, «The Martha Syndrome» [El síndrome de Marta], *Discipleship Journal 8* [Jornal del discipulado 8] no. 2, edición cuarenta y cuatro, marzo 1988, p. 12.

Recuerdo haberme comprometido para un proyecto que demandaría una gran inversión de tiempo y esfuerzo. Sin embargo, en medio de ese compromiso, decidí involucrarme en muchas otras actividades. Fue entonces que comprendí que en realidad lo hacía para no trabajar en el proyecto. Esta misma tendencia se repite en mi elección de pasar un tiempo con el Señor. Deseo pasar tiempo con Él, pero el apartarme de todas las cosas buenas que demandan mi atención requiere de disciplina.

Creo que este es el motivo por el cual Jesús felicitó la elección de María de sentarse a sus pies. Así como Marta, podemos permitir que la actividad constante desplace el oro, la plata y las piedras preciosas en nuestras vidas. Chambers escribe: «Lo principal del cristianismo no es el trabajo que realizamos sino la relación que mantenemos y la atmósfera producida por esa relación. Es lo único que Dios nos pide que cuidemos, y es la única cosa que es atacada constantemente».[9]

Para establecer el ritmo que llevaremos en nuestra carrera, debemos darle prioridad al hecho de apartarnos para recargarnos espiritual, emocional y físicamente. No podemos permitir que la actividad excesiva nos controle, de manera que caigamos exhaustos al final de la carrera. ¡Eso no es libertad! Hay mucho para hacer en esta vida, pero Dios quiere que todo lo que hagamos sea hecho en su nombre y para su gloria. Para honrar ese requerimiento debemos venir a Él con frecuencia para obtener el descanso interior, el refrigerio y la guía necesaria para correr nuestra carrera.

TU REFLEXIÓN

Reflexiona acerca de tu deseo de descanso en el Señor y sobre la actividad excesiva que te impide correr con libertad. Anota tus pensamientos acerca de cuáles exigencias o actividades en tu vida deseas dejar atrás por ser cargas innecesarias, y del lugar donde posiblemente puedas crear oportunidades para «descanso interior».

Memorización sugerida de las Escrituras
Isaías 66.4

---

[9] Chambers, 4 de agosto.

DESPOJÉMONOS DE LA ANSIEDAD:

Corramos con paz

Por nada estéis afanosos,
sino sean conocidas vuestras peticiones
delante de Dios en toda oración y ruego,
con acción de gracias. Y la paz de Dios, que sobrepasa
todo entendimiento, guardará vuestros corazones
y vuestros pensamientos en Cristo Jesús.
FILIPENSES 4.6-7

Existen áreas de legítima ansiedad incluso
para los creyentes más fuertes. Pero las presiones,
aun de legítimas preocupaciones, no deben dominarnos
ni convertirnos en personas habitualmente
ansiosas o preocupadas. Podemos escapar si usamos
la ansiedad de manera creativa. Esto significa
que debemos reconocer las sensaciones de presión
y preocupación como un llamado a la oración.
Deberíamos volvernos inmediatamente a Dios
para poner delante de Él nuestras necesidades y las de otros.
Luego volvemos a vivir nuestras vidas circundados por su paz.
La ansiedad, en lugar de alejarnos de Dios,
nos atrae hacia Él y cumple de esta manera
su propósito para esta en nuestras vidas. [1]
LAWRENCE O. RICHARDS

---

[1] Lawrence O. Richards, *Expository Dictionary of Bible Words* [Diccionario expositor de palabras bíblicas], Zondervan, Grand Rapids, MI, 1985, p. 58.

Una persona ansiosa está angustiada, perturbada, preocupada, anhelosa, impaciente, inquieta, nerviosa. ¡La ansiedad verdaderamente suena como una cosa de la que debemos despojarnos! La libertad que da Cristo incluye liberación del control de todo lo mencionado anteriormente. El vivir angustiado y preocupado nos estorba en todo aspecto e impide que corramos bien.

El descanso y la paz de Cristo son verdaderos y Él anhela que los poseamos a plenitud. Él siempre está disponible cuando surge alguna preocupación y se interesa por nuestras penas. A nosotros nos toca valernos de su fuerza y de su paz. No es fácil despojarnos de la ansiedad, pero es necesario que lo hagamos para poder correr libremente.

Despojémonos de la ansiedad

1. Las Escrituras son perfectamente claras en lo que respecta a instruirnos acerca de la ansiedad y la preocupación. En cierto modo anima saber que el Señor comprende que hemos de tenerla. Lee estos versículos y registra sus palabras de aliento.

   Isaías 35.3-4

   Isaías 41.10

La inquietud proviene de la determinación de hacer nuestra propia voluntad. Nuestro Señor nunca se preocupó y nunca estuvo ansioso porque no estaba «dedicado» a la realización de sus propias ideas; estaba «dedicado» al cumplimiento de las ideas de Dios... Deliberadamente dile a Dios que no te inquietarás por ese asunto. Toda nuestra inquietud y preocupación son causadas por hacer cálculos sin Dios.[2]

OSWALD CHAMBERS

[2] Oswald Chambers, *My Utmost for His Highest* [En pos de lo supremo], Barbour and Company, Westwood, NJ, 1935, 4 de julio.

2. a. En el Sermón del Monte Jesús se refiere a la carga de la preocupación. Lee Mateo 6.25-34 y anota la enseñanza del Señor con respecto a la ansiedad.

b. ¿Qué nos dice este pasaje acerca del cuidado de Dios y de su provisión para nuestras necesidades?

Tanto la ansiedad como la inquietud se deben a preocupaciones naturales y legítimas que forman parte de la vida en este mundo. Pero las legítimas son manejadas erróneamente cuando se producen una o más en las situaciones que se detallan a continuación: (1) llegan a ser preocupaciones dominantes en nuestra vida y conducen al temor, (2) destruyen nuestra perspectiva de la vida y causan que nos olvidemos que Dios existe y se interesa por nosotros, o (3) nos llevan a caer en una actitud de constante tormento y malestar por causa de un futuro que no podemos controlar.[3]

LAWRENCE O. RICHARDS

---

[3]Richards, p. 58

3. Lee el Salmo 55.22 y 1 Pedro 5.6-7. Describe lo que piensas acerca del significado de «echar» nuestras ansiedades sobre el Señor.

> Por el hecho de que Dios tenga cuidado de ti, puedes echar tu ansiedad sobre Él. No inviertas el orden de estos pensamientos. El texto no dice: «Si echas tus ansiedades sobre Él, Él tendrá cuidado de ti». Su cuidado no está condicionado por nuestra fe y por nuestra habilidad de echar nuestra ansiedad sobre Él; más bien, por causa del cuidado que sí tiene de nosotros, podemos echar nuestra ansiedad sobre Él.[4]
>
> JERRY BRIDGES

Corramos con paz

4. Jesús nos da su paz (Juan 14.27). Podemos apropiarnos de su paz de varias maneras. Al leer estos versículos, identifica la fuente del consuelo y de la tranquilidad del autor.

Salmo 94.19

Salmo 119.165

[4]Jerry Bridges, *Transforming Grace: Living Confidently in God's Unfailing Love* [Gracia transformadora: Cómo vivir confiadamente en el amor inalterable de Dios], NavPress, Colorado Springs, CO, 1991, p. 186.

5. ¿Eres capaz de apropiarte de estas mismas fuentes de consuelo y paz? Explica.

6. La oración nos capacita para recibir la paz de Dios. Estudia Filipenses 4.6-7 y anota lo que aprendas acerca de cómo hemos de orar y los resultados que podemos lograr.

> La acción de gracias hace efectiva la oración y libera de ser ansiosamente meticulosos al convertir todos los tratos de Dios en motivo de alabanza, no meramente de resignación, aun menos para murmuración. La paz acompaña la acción de gracias.[5]

[5] Robert Jamieson, A.R. Fausset, y David Brown, *Commentary on the Whole Bible* [Comentario de toda la Biblia], ed. rev., Zondervan, Grand Rapids, MI, 1961, p. 1311.

7. Parece que el rey David continuamente luchaba contra la ansiedad. Tres de sus oraciones se mencionan a continuación. ¿Qué puedes aprender de ellas para que te ayuden a recibir la paz de Dios?

Salmo 38.18

Salmo 62.5-8

Salmo 139.23-24

Cuando soy lanzado de un lado a otro por diversos razonamientos, distracciones, interrogantes y presentimientos, volaré a mi verdadero descanso. Cuando tengo pensamientos pecaminosos, vanos y angustiados, aflicciones, cuidados, conflictos, correré al Señor; Él provee alientos divinos y estos no sólo alivian sino que verdaderamente me deleitan. ¡Cuán dulces son los consuelos del Espíritu! ¿Quién puede reflexionar sobre amor eterno, propósitos inmutables, promesas de pacto, redención perfecta, la ascensión del Salvador, su unión con su pueblo, la gloria venidera y temas tales sin sentir que su corazón salta de gozo? El pequeño mundo dentro nuestro, así como el gran mundo que nos rodea, están llenos de confusión y contienda; pero cuando Jesús entra en ellos, y susurra «la paz sea contigo», sobreviene una calma, sí, un momento de éxtasis.[6]

CHARLES H. SPURGEON

---

[6] Charles H. Spurgeon, *The Treasury of David* [El tesoro de David], vol. 2, MacDonald, n.d., McLean, VA, p. 147.

8. A.W. Tozer ha comentado que Jesús murió tan apaciblemente como vivió. Basado en Juan 16.32-33, ¿qué puedes aprender con respecto a la paz en las enseñanzas de Jesús la noche que fue entregado?

Sintamos simplemente que su atención se centra en nosotros, que Él nos observa desde ese cielo con cariñoso interés, que nos sigue día a día, tal como una madre sigue a su bebé al intentar dar sus primeros pasos solo, que Él nos ha dirigido su amor, y a pesar nuestro está haciendo que se cumpla para nosotros su más elevada voluntad y bendición, tanto como se lo permitamos; y entonces nada puede desanimarnos.[7]

A.B. SIMPSON

REFLEXIÓN DE LA AUTORA

Hace poco estaba muy ansiosa por causa de cierta circunstancia dolorosa que atravesaba en mi vida. Oraba con fervor preguntando a Dios cuál era su voluntad y poniendo constantemente delante de Él mis peticiones. Oré como nunca antes lo había hecho, pero seguía ansiosa; no experimentaba la paz de Dios.

Al meditar sobre Filipenses 4.6-7 (¡mientras me preguntaba por qué no funcionaba!), me di cuenta que hacía todo lo aconsejado por Pablo excepto orar con acción de gracias. Para ser franca, en esta situación no se me ocurría ninguna cosa por la que pudiera estar verdaderamente agradecida. Pero Pablo dice que oremos y roguemos con acción de gracias... y a continuación vendrá la paz de Dios.

---

[7] A.B. Simpson, citado en *Closer Walk* [Un andar más íntimo], 24/25 de agosto, 1991.

Cuando comencé a orar con acción de gracias (agradeciendo a Dios por escuchar mis ruegos, por su gran amor, interés y comprensión de mi dolor, por su soberanía, su poder para redimir), a partir de ese momento pude empezar a conocer la paz de Dios que sobrepasa todo entendimiento. Mis circunstancias no se modificaron, y aún no sabía cómo resultarían las cosas, pero ya no me encontraba «atada» por dentro. Estaba libre para confiar.

Dios me ha hecho saber con claridad por medio de su Palabra que no quiere que vivamos con ansiedad. Él no desea que corramos nuestra carrera cargados de preocupación; es más nos dice que si tenemos una carga deberíamos echarla sobre Él. ¡Qué necedad de nuestra parte es no aceptar su oferta! Él quiere que corramos libremente en paz. Es por eso que vino y es por eso que vive dentro nuestro. «Bendito sea el Señor, que cada día lleva nuestra carga, el Dios que es nuestra salvación» (Salmo 68.19, Biblia de las Américas).

TU REFLEXIÓN

A manera de presentación de tus ansiedades ante el Señor, anótalas en una simple lista y luego háblale a Dios acerca de ellas en oración. Registra cualquier pensamiento o reflexión que tengas con respecto a cómo poder recibir la paz de Dios.

Memorización sugerida de las Escrituras
Filipenses 4.6-7

CAPÍTULO OCHO

DESPOJÉMONOS DE LA DUDA Y EL TEMOR:

Corramos con fe y confianza

No temáis, ni os amedrentéis;
¿no te lo hice oír desde la antigüedad, y te lo dije?
Luego vosotros sois mis testigos.
No hay Dios sino yo. No hay Fuerte; no conozco ninguno».
ISAÍAS 44.8

El amor constante de Dios por nosotros es un hecho objetivo
afirmado vez tras vez en las Escrituras.
Es verdad ya sea que lo creamos o no.
Nuestras dudas no destruyen el amor de Dios, ni puede
nuestra fe crearlo. Se origina en la misma naturaleza de Dios,
quien es amor, y fluye hasta nosotros por medio
de nuestra unión con su amado Hijo.[1]
JERRY BRIDGES

---

[1] Jerry Bridges, *Trusting God* [Confiar en Dios], NavPress, Colorado Springs, CO, 1988, p. 155.

En cierto momento de su ministerio el apóstol Pablo escribió: «Porque de cierto, cuando vinimos a Macedonia, ningún reposo tuvo nuestro cuerpo, sino que en todo fuimos atribulados; de fuera, conflictos; de dentro, temores» (2 Corintios 7.5). ¿Te sientes identificado? Esta carrera en la que nos encontramos presenta numerosas oportunidades para la duda y el temor. Si no corremos con fe y confianza, nuestra carrera no tiene gozo, no tiene paz y con seguridad no tiene libertad. Sin embargo, muchos antes que nosotros pudieron hacerlo victoriosamente a pesar de su vacilación. Al estudiar sus vidas, vemos que la fuente de su profunda fe y confianza también puede ser nuestra.

Despojémonos de la duda y el temor

1. Haciendo uso de un diccionario, anota definiciones de las palabras *duda* y *temor*.

   a. *Duda*

   b. *Temor*

2. Lee el Salmo 73 en su totalidad.

   a. ¿Cuáles eran las dudas y los temores del salmista?

b. ¿Cómo resolvió sus conflictos el salmista?

---

3. ¿Qué tipo de dudas y temores interfieren con mayor frecuencia con tu habilidad de confiar en Dios?

Los que confían más en Dios son aquellos cuya fe les permite arriesgarse a luchar con Él con respecto a las preguntas más profundas de la vida. Los corazones buenos son cautivados en una divina sesión de lucha; los corazones temerosos y dubitativos se mantienen alejados de la lona. El compromiso de luchar será honrado por un Dios que no sólo quebrará, sino que bendecirá. El compromiso de Jacob de luchar con Dios dió como resultado la herida de su muslo. Ya nunca caminaría sin cojear. Pero la libertad de su corazón hacía que valiera la pena pagar el precio de su miembro astillado.[2]

DAN ALLENDER

Dan Allender, *The Wounded Heart: Hope for Adult Victims of Childhood Sexual Abuse* [El corazón herido: Esperanza para víctimas adultas de abuso sexual infantil], NavPress, Colorado Springs, CO, 1990, p. 176.

4. La fe de David fue probada muchas veces, pero en esos tiempos siempre se acercó al Señor. El Salmo 27 ilustra la confianza de David en Dios a pesar de sus propios temores. Léelo en voz alta y luego anota cualquier enseñanza que descubras en él relacionada con las dudas y temores que identificaste en la pregunta 3.

5. ¿Qué nos enseñan los siguientes pasajes acerca de por qué podemos ser libres de temor?

    Romanos 8.14-17

    Hebreos 2.14-15

    1 Juan 4.15-19

> Una vez que eches raíces en la Realidad, nada te podrá mover. Si tu fe está puesta en experiencias, es probable que cualquier cosa que suceda altere esa fe; pero nada puede cambiar jamás a Dios o la todopoderosa Realidad de la Redención; fundamenta en eso tu fe y tu seguridad será tan eterna como Dios.[3]
>
> OSWALD CHAMBERS

Corramos con fe y confianza

6. La carta a los Hebreos dedica un capítulo completo al repaso de las vidas de aquellos que perseveraron en la fe. Estos son los testigos que nos rodean como una nube mientras corremos nuestra carrera (Hebreos 12.1). Estos modelos de la historia del pueblo de Dios definen y ejemplifican la fe en acción. Lee Hebreos 11 y escribe lo que entiendes que es la fe.

> El pueblo de Dios es tenaz. Durante largos siglos aquellos que son del mundo han hecho guerra en contra del camino de la fe, y aún no han podido vencer... El camino de la fe no es una moda que se adopta en un siglo para ser simplemente descartado en el siguiente. Perdura. Es un camino que funciona. Ha sido cabalmente probado.[4]
>
> EUGENE PETERSON

---

[3] Oswald Chambers, *My Utmost for His Highest* [En pos de lo supremo], Barbour and Company, Westwood, NJ, 1935, 3 de diciembre.

[4] Eugene H. Peterson, *A Long Obedience in the Same Direction* [Una larga obediencia en dirección constante], InterVarsity Press, Downers Grove, IL, 1980, pp. 122-124.

7. En ocasiones, la idea de depositar nuestra fe y confianza en Dios nos puede parecer demasiado difícil, especialmente cuando estamos atrapados en las garras de la duda y el temor. ¿Qué cosa nos enseñan los siguientes pasajes con respecto a la fuente de la fe?

Efesios 2.8-9

Hebreos 12.2

Existen dos lugares ventajosos donde pueden buscar refugio las almas insatisfechas: el nombre de Dios y las promesas absolutas del evangelio. Pienso en estos como en los puertos seguros, los cuales son usados principalmente cuando la tormenta es tan intensa que el barco no puede permanecer en alta mar. De la misma manera que no hubo nada inherente en la criatura para que moviera al gran Dios a formular tales promesas, así tampoco puede haber cosa alguna en la criatura que impida al Todopoderoso mantenerlas en el sitio y el momento que a Él le plazca. Este acto de fe de refugiarse en las promesas, acompañado de un anhelo profundo de esa gracia que buscas, aun cuando es posible que no satisfaga completamente todas tus dudas, al menos evitará que te hundas.[5]

WILLIAM GURNALL

---

[5] William Gurnall, *The Christian in Complete Armour* [El cristiano en armadura completa], rev. y abreviado, vol. 1, Banner of Truth Trust, Carlisle, PA, 1986, pp. 112-113.

8. Jesús no sólo se refería con frecuencia a la importancia de la fe, Él era totalmente fiel y digno de confianza. Continuamente se afanaba en enseñar a sus discípulos la seguridad que tenían en Él.

    a. Lee el hecho registrado en Mateo 8.23-27. ¿Cuál es la lección que Jesús quería que aprendieran sus discípulos?

    b. ¿Confías que Dios calmará las tormentas en tu vida? ¿Por qué, o por qué no?

REFLEXIÓN DE LA AUTORA

Luego de que Pablo reconociera sus temores ante los corintios, en la oración siguiente escribió: «Pero Dios...» (2 Corintios 7.6). Cuando la aprehensión nos abruma, debemos aprender a aplicar la respuesta «Pero Dios». «Pero Dios» envió a Tito para animar a Pablo. «Pero Dios» se reveló a sí mismo ante Asaf en el santuario. «Pero Dios» era la luz y la salvación de David. «Pero Dios» calmó la tormenta para los atemorizados discípulos. «Pero Dios», cuando nos dirigimos a Él, ya sea que estemos plagados de duda o de temor, es nuestra Roca: No hay otro.

Cuando comencemos a dudar, no debemos vacilar en nuestra fe sino estar plenamente convencidos de que Dios es poderoso para hacer todo lo que ha prometido (Romanos 4.21). Dios se ha empeñado en ser nuestra defensa, nuestro refugio, nuestra fortaleza, y «nos ha dado preciosas y grandísimas promesas» (2 Pe-

dro 1.4). Él es nuestro escondedero cuando estamos atemorizados y es nuestra con-
fianza cuando dudamos. Nuestra confianza en su amor y fortaleza son indispen-
sables para permanecer en la pista de la carrera que tenemos por delante.

TU REFLEXIÓN

¿Qué has descubierto en esta lección que podría ayudarte a desarrollar una mentalidad de «Pero Dios» como respuesta a tus dudas y temores?

Memorización sugerida de las Escrituras

Isaías 44.8

CAPÍTULO NUEVE

DESPOJÉMONOS DE LA CARNE:
Corramos con el Espíritu

Yo corro entonces con decisión.
No peleo con sombras, ¡peleo de verdad!
Soy el amo más severo de mi cuerpo,
por temor a que luego de haber predicado
a otros yo mismo venga a ser eliminado.
1 CORINTIOS 9.26-27
[Traducción libre del inglés, versión de J.B. Phillips.]

Esto sé, que la muerte de todo aquello en mí
que es pecaminoso es la mayor ambición de mi alma,
sí, y la muerte de todo lo que es carnal.
Y todo lo que tenga sabor al viejo Adán.
Oh, si muriese. ¿Y dónde puede morir si no es a los pies
de aquel quien tiene la nueva vida
y quien al manifestarse en toda su gloria
ha de purgar nuestra escoria y pecado?[1]
CHARLES SPURGEON

---

[1] Charles H. Spurgeon, citado en *Closer Walk* [Un andar más íntimo], 2 de septiembre 1991.

C uando nuestra vieja naturaleza pecaminosa controla nuestras vidas, está enemistada con la libertad de nuestra nueva naturaleza en Cristo. Debemos abofetear nuestra carne y despojarnos de ella de manera que no nos aferremos al pecado. Pablo escribe que «el ocuparse de la carne es muerte, la mente carnal es enemistad contra Dios, y los que viven según la carne no pueden agradar a Dios» (Romanos 8.6-8). Se nos dice en Hebreos 12.1 que nos despojemos del pecado que nos envuelve (Biblia de las Américas). ¡Ciertamente no podemos correr si nuestros pies están enredados!

Debemos estar firmes al tratar con los deseos de la carne y el pecado en nuestras vidas si hemos de correr la carrera en libertad y para la gloria de Dios. Jesús dijo sencillamente: «El espíritu es el que da vida; la carne para nada aprovecha[...]» (Juan 6.63).

Despojémonos de la carne

1. ¿Qué cosa es esta «carne» de la que debemos despojarnos? Gálatas 5.16-21 describe las obras de la carne y nos permite echar una mirada al interior de nuestra vieja naturaleza.

   Anota las características de nuestra disposición pecaminosa.

2. Con gran percepción de nuestra fragilidad humana, Pablo describe en Romanos 7 nuestra lucha con el pecado que mora en nosotros.

Aunque estamos en Cristo, aún debemos lidiar con nuestra carne. Estudia Romanos 7.14-25 y resume la descripción que hace Pablo del conflicto entre la ley del pecado y la ley de Dios.

¿Por qué nos permitimos pensamientos tentadores contrarios a la Palabra de Dios y a su voluntad? Enfrentémonos a la realidad: lo hacemos porque queremos hacerlo. No somos tentados por comidas que no nos gustan, por miembros poco atractivos del sexo opuesto, por promociones indeseadas, etc. El anzuelo de la tentación es la garantía del diablo de que aquello que pensamos que queremos y necesitamos, fuera de la voluntad de Dios puede satisfacernos. No lo creas. Nunca podrás satisfacer los deseos de la carne. En cambio: «Bienaventurados los que tienen hambre y sed de justicia, porque ellos serán saciados» (Mateo 5.6). Lo único que ha de satisfacerte será establecer relaciones correctas, vivir por el poder del Espíritu Santo y experimentar los frutos del Espíritu.[2]

NEIL T. ANDERSON

3. ¿De qué manera describirías tu lucha con la carne? Anota tus pensamientos.

[2] Neil T. Anderson, *The Bondage Breaker* [El destructor de ataduras], Harvest House, Eugene, OR, 1990, p. 135.

La palabra «carne» nos recuerda que estamos atrapados en las garras del pecado. Ni siquiera un deseo de justicia nos capacita para llegar a ser realmente justos. Dios trata con nuestra carne de una manera sorprendente. No nos libera ahora de la naturaleza carnal. En cambio, nos provee de una fuente de poder que nos librará del dominio de la carne. Jesús ha pagado por los pecados generados por nuestra carne, ya sean del pasado o esos que a pesar de todo estén en nuestro futuro. Pero Jesús también nos ha provisto de su Espíritu Santo. El Espíritu vive dentro nuestro y es la fuente de nuevos deseos y de una nueva perspectiva.[3]

LAWRENCE O. RICHARDS

Corramos con el Espíritu

Al responder a su pregunta con respecto a quién lo librará de su cuerpo de muerte, Pablo exclama: «¡Gracias doy a Dios, por Jesucristo Señor nuestro!» A continuación, en Romanos 8, explica que hemos sido librados de la ley del pecado y de la muerte.

---

4. Lee Romanos 8.1-17, uno de los pasajes más ricos de todas las Escrituras que trata acerca de despojarnos de la carne y de correr con el Espíritu.

   a. ¿Cómo hemos sido librados? (versículos 1-4)

   b. ¿Cuáles son las evidencias del control de la vieja naturaleza versus el control de la nueva naturaleza? (versículos 5-8)

---

[3] Lawrence O. Richards, *Expository Dictionary of Bible Words* [Diccionario expositor de palabras bíblicas], Zondervan, Grand Rapids, MI, 1985, p. 285.

c. ¿Qué es lo que nos capacita para vencer a la carne? (versículos 9-11)

d. ¿Qué es lo que nos capacita para correr con el Espíritu? (versículos 12-17)

> El mensaje cristiano de la acción libertadora de Cristo en la cruz llama al hombre a salir del único estilo de vida que se le presenta como posible *kata sarka*, según la carne, i.e. de acuerdo con las normas y el pensamiento humanos. Lo llama a vivir *kata pneuma*, de acuerdo con el Espíritu. La verdadera libertad existe solamente cuando el Espíritu Santo obra en el interior de un hombre, convirtiéndose en el fundamento de su vida y el hombre no obstruye su obra.[4]
>
> J. BLUNCK

Fijemos nuestros ojos en Jesús

5. El apóstol Juan nos dice que «aquel Verbo fue hecho carne, y habitó entre nosotros» (Juan 1.14). Medita sobre Hebreos 2.14-18 y registra tus pensamientos relativos a cómo Jesús hace que sea posible que nos despojemos de nuestra vieja naturaleza.

---

[4] J. Blunck, en *The New International Dictionary of New Testament Theology* [El nuevo diccionario internacional de teología neotestamentaria], vol. 1, editado por Colin Brown, Zondervan, Grand Rapids, MI, 1971, p. 719.

> La influencia purificadora del Espíritu corrige el sentido del gusto del alma, por medio del cual saborea las cosas que son santas y agradables a Dios. Tal como uno que tiene un gusto fino, el Espíritu escoge aquellas cosas que son buenas y saludables y rechaza las viles. Y de esta manera el Espíritu de Dios conduce y guía; Él nos capacita para comprender las órdenes y los consejos de la Palabra de Dios, y aplicarlos correctamente.[5]
>
> JONATHAN EDWARDS

REFLEXIÓN DE LA AUTORA

William Gurnall escribe: «La carne es a ti como el caballo es al jinete, no puedes realizar tu travesía sin él».[6] Me dio cierto ánimo descubrir que el despojarse de las obras de la carne requiere de un esfuerzo continuo. Tal como dice Gurnall, no podemos efectuar nuestra travesía, o carrera, sin ella. Siempre tendremos que tratar con la carne hasta acabar la carrera.

Me gusta la forma en que J.B. Phillips traduce una parte del pasaje de Corintios: «¡Yo peleo de verdad!» Para mí esta es la clave. Al permanecer en Cristo, me es dado su Espíritu para darme energía, guiar y fortalecerme, pero aún tengo la responsabilidad de escoger no ceder al pecado. Oswald Chambers declara: «Lo primero que debe hacerse al examinar el poder que me domina es tomar conciencia del hecho desagradable de que yo soy el responsable de haber sido dominado de esta manera».[7] Ahora que estoy en Cristo, tengo el poder y la capacidad de escoger vivir en rectitud, pero la elección me corresponde a mí.

He memorizado el Salmo 141.4: «No dejes que mi corazón se incline a nada malo, para practicar obras impías con los hombres que hacen iniquidad, y no me dejes comer de sus manjares (Biblia de las Américas). No me siento particularmente inclinada a practicar obras impías con los hombres que hacen iniquidad, pero tiendo a comer de sus manjares. Me es de ayuda memorizar las Escrituras al combatir la carne; es más se nos dice en el Salmo 119.11 que guardemos los dichos de Dios en nuestros corazones para que no pequemos. Es necesario permanecer en Cristo y en su Palabra para poder correr con libertad.

---

[5] Jonathan Edwards, citado en *Closer Walk* [Un andar más íntimo], 19 de marzo de 1991.

[6] William Gurnall, *The Christian in Complete Armour* [El cristiano en armadura completa], rev. y abreviado, vol. 1, Banner of Truth Trust, 1986, p. 127.

[7] Oswald Chambers, *My Utmost for His Highest* [En pos de lo supremo], Barbour and Company, Westwood, NJ, 1935, 14 de marzo.

Muchos cristianos no son capaces de mantenerse firmes ante las tentaciones del mundo o de su vieja naturaleza. Se esmeran por librar su mejor lucha en contra del pecado y en servir a Dios, pero carecen de fuerza. Nunca han comprendido el secreto: El Señor Jesús cada día desde los cielos continuará su obra en ellos. Pero con una condición: el alma debe darle tiempo cada día para que imparta su amor y su gracia. Un momento a solas con el Señor Jesús cada día es la condición indispensable para el crecimiento y el poder.[8]

ANDREW MURRAY

TU REFLEXIÓN

Al repasar este capítulo, tómate el tiempo necesario para registrar tus pensamientos concernientes a tu lucha con el pecado y la carne. Sé específica al anotar cualquier nueva observación o nueva meta para echar a un lado la carne y correr en el Espíritu.

Memorización sugerida de las Escrituras
1 Corintios 9.26-27

---

[8] Andrew Murray, citado en *Closer Walk* [Un andar más íntimo], 21/22 abril 1990.

CAPÍTULO DIEZ

DESPOJÉMONOS DEL MUNDO:
Corramos con santidad

*Nunca entreguen sus corazones a este mundo
ni a ninguna de las cosas que hay en él. Un hombre no puede
amar al Padre y al mundo a la misma vez.*
1 JUAN 2.15
[Traducción libre del inglés, versión de J.B. Phillips.]

*La mayor reprimenda para el pecado de nuestra época
es vivir santamente.*[1]
HERBERT LOCKYER

---

[1] Herbert Lockyer, «Getting Ready for the End» [Preparémonos para el fin], *Decision Magazine* [Revista Decisión], marzo 1985.

Satanás es el príncipe del mundo, pero Cristo vino para librarnos de este dominio de tinieblas y llevarnos al Reino de la luz. Se nos dice en Filipenses 3.20 que nuestra ciudadanía está ahora en los cielos. Uno de los mayores estorbos al que debemos enfrentarnos al correr nuestra carrera es la lucha contra la increíble seducción y atracción mundanas. Pablo relata cómo Demas lo abandonó porque amaba este mundo (2 Timoteo 4.10). Aun cuando el mundo está lleno de incitaciones, Dios nos ha equipado para contrarrestar la autoridad de Satanás mientras nos encontremos aquí. Realmente contamos con el poder necesario para despojarnos del mundo y vivir de manera piadosa durante nuestra generación.

Despojémonos del mundo

1. Si estamos abocados a la finalización de la carrera que Dios nos ha puesto delante, debemos comprender nuestra relación con el mundo. Las Escrituras son muy claras en lo que respecta a la forma de asociarnos con la época en la que vivimos. ¿Qué nos dicen estos versículos acerca de cómo hemos de responder al mundo?

   Lucas 9.23-25

   Romanos 12.1-2

   Santiago 4.4

   1 Juan 2.15-17

> La mundanalidad no se trata de participar de esas prácticas que son juzgadas por algunos. Se trata de adoptar sin pensar en las perspectivas, los valores y las actitudes de nuestra cultura, sin someterlos al juicio de la Palabra de Dios. Se trata de llevar adelante nuestras vidas como si no conociéramos a Jesús.[2]
>
> LAWRENCE O. RICHARDS

2. De acuerdo con los siguientes pasajes, ¿por qué es peligroso «amar» al mundo?

Efesios 6.12

1 Pedro 5.8

1 Juan 5.19

3. El apóstol Juan nos da esta palabra de ánimo: «[...] mayor es el que está en vosotros, que el que está en el mundo» (1 Juan 4.4). Ya que estamos en el mundo, ¿cómo hemos de vencer al príncipe de este mun-

[2] Lawrence O. Richards, *Expository Dictionary of Bible Words* [Diccionario expositor de palabras bíblicas], Zondervan, Grand Rapids, MI, 1985, p. 639.

do? Anota tus observaciones a partir de los versículos que están a continuación.

Efesios 6.10-11

Santiago 4.7-8

1 Juan 2.14

1 Juan 5.4-5

---

4. ¿Cuáles son las áreas en las que tiendes a enredarte con los valores y actitudes de la cultura mundana?

5. ¿Qué formas te resultan efectivas para despojarte del «mundo» en tu vida?

> «Resistid al diablo, y huirá de vosotros». Esta es una promesa y Dios la cumplirá. Si resistimos a nuestro adversario, Dios lo forzará a huir y nos dará la victoria... Al mismo tiempo, no debemos pararnos en ningún sector del terreno del adversario mediante alguna actitud o desobediencia, pues al hacerlo le damos un tremendo poder sobre nosotros, el cual, aun cuando Dios lo limitará con gran misericordia y bondad, no quitará totalmente hasta que nos afirmemos por completo en tierra santa. Por lo tanto, debemos estar armados de la coraza de justicia, así como del escudo de la fe, si hemos de resistirnos con éxito al príncipe de las tinieblas y a los principados en las regiones celestes.[3]
>
> A.B. SIMPSON

Corramos con santidad

Se nos dice en 1 Corintios 2.12: «Y nosotros no hemos recibido el espíritu del mundo, sino el Espíritu que proviene de Dios, para que sepamos lo que Dios nos ha concedido». Ya que tenemos el poder del Espíritu Santo en nuestras vidas, contamos con la habilidad de tomar decisiones rectas y procurar la santidad. La santidad es escoger agradar a Dios en todo lo que hagamos; se trata de manifestar a Jesús en nuestro diario vivir.

6. Los siguientes pasajes nos muestran elecciones contrastantes. En cada caso, anota lo que fue escogido y por qué fue tomada esa decisión.

---

[3] A.B. Simpson, citado en *Closer Walk* [Un andar más íntimo], 29/30 julio, 1989.

Salmo 78.17-22

Hebreos 11.24-26

Las pruebas de la vida cristiana, aun cuando por fuera no parezcan tan terribles, tienen más probabilidad de vencernos que las de la era de fuego. Debemos soportar el desprecio del mundo, eso es poca cosa. Sus palabras suaves, sus discursos untuosos y su hipocresía son mucho peores. Corremos el peligro de volvernos ricos y orgullosos, volcarnos a las modas de este presente mundo malvado y perder nuestra fe. O si la prueba no se trata de la riqueza, las preocupaciones mundanas causan dificultad... Al diablo le importa poco cuál sea, mientras destruya nuestro amor y confianza en Cristo. Debemos estar despiertos ahora, pues caminamos por terreno peligroso. Corremos el riesgo de quedarnos dormidos y ser dañados a no ser que nuestra fe en Jesús sea una realidad y nuestro amor por Él una ferviente llama.[4]

CHARLES SPURGEON

7. ¿Qué encuentras en los siguientes pasajes que te animen a procurar la santidad?

1 Timoteo 6.6-11

---

[4] Charles H. Spurgeon, citado en *Closer Walk* [Un andar más íntimo], 21 de septiembre de 1990.

8. Una de las principales maneras en que podemos comenzar a educar-
   nos para tomar decisiones que agraden a Dios es pensar la verdad.
   ¿Qué enseñanzas nos proveen los siguientes versículos con respecto a
   la importancia de nuestra forma de pensar al despojarnos de la mun-
   danalidad y correr con santidad?

   Romanos 12.2

   Colosenses 3.1-4

> Romanos 7.23 y 8.5-7 nos muestra que el centro de toda atadura es-
> piritual es la mente. Es allí donde la batalla debe ser librada y gana-
> da si has de experimentar la libertad en Cristo, la cual es tu heren-
> cia... Los patrones de pensamiento y conducta negativos son
> aprendidos y pueden ser «desaprendidos» por medio del estudio dis-
> ciplinado de la Biblia y la consejería.[5]
>
> NEIL T. ANDERSON

Fijemos nuestros ojos en Jesús

En su hermoso himno «Pon tus ojos en Cristo», Helen H. Lemmel escribió las siguientes palabras: «Pon tus ojos en Cristo, tan lleno de gracia y

---

[5] Neil T. Anderson, *The Bondage Breaker* [El destructor de ataduras], Harvest House, Eugene, OR, 1990, pp. 52-
53.

amor, y lo terrenal sin valor será a la luz del glorioso Señor». Si Jesucristo es aquel hacia quien corremos mientras estamos sobre esta tierra, necesitamos que se nos recuerden sus enseñanzas con respecto al mundo.

9. ¿Qué nos enseña Jesús en los siguientes versículos acerca de nuestra vida con Él en el mundo?

Juan 14.27

Juan 15.18-19

10. Basado en lo que sabes acerca de la vida y el ministerio de Jesús, describe brevemente un ejemplo de cómo piensas que Él estaba «en» el mundo pero no era «del» mundo.

REFLEXIÓN DE LA AUTORA

Para mí es tan fácil querer aceptar la solución del mundo para mis problemas, estrés y dolor: «¡comprar, acumular, darse el gusto, vegetar, escapar!» Es una batalla continua el procurar la santidad y correr con mis ojos puestos en Jesús. Cierta persona hizo la observación de que la carrera en la que nos encontramos es una verdadera carrera de obstáculos. ¡Cuán cierto es esto! Tal vez comencemos cada día corriendo bastante bien, y entonces el enemigo empieza a lanzar diversos tipos de barreras en nuestro camino.

No estaría tan mal si los obstáculos fuesen feos y tuviesen señales de adver-tencia que dijesen: «¡Este estorbo es peligroso para tu salud espiritual! ¡Usa tus ar-mas espirituales! ¡Véncelo!» Por lo general, sin embargo, las tentaciones del mun-do ofrecen alivio instantáneo o una diversión placentera. Fácilmente nos descarrilamos y permitimos que el mundo y el enemigo nos enreden. No puedo amar a Dios y al mundo; no puedo correr libre y velozmente si estoy aferrado a las cosas de esta vida.

He recibido motivación para permanecer en la carrera a través de un pen-samiento de William Gurnall que dice que no hay vacaciones en la vida cristia-na. No puedo permitirme «tomar vacaciones» en el mundo. Mi descanso, mi ánimo, mi gozo deben venir del Señor. Su fortaleza, al sentarme a sus pies y apropiarme de su Palabra cada día, me capacita para vencer a Satanás, al mun-do y a las barreras que estén por delante. Andrew Murray escribió: «¡Cristiano, tú vives en un mundo peligroso! Aférrate al Señor Jesús. Pero recuerda: Debe ha-ber comunión diaria con Jesús. Sólo su amor puede expulsar el amor por el mun-do. Dedica tiempo para estar a solas con tu Señor».[6]

TU REFLEXIÓN

Al repasar esta lección, medita sobre las palabras de Gálatas 6.14: «Pero lejos esté de mí gloriarme, sino en la cruz de nuestro Señor Jesucristo, por quien el mundo me es crucificado a mí, y yo al mundo». Escribe una oración a Dios y expresa cómo te gustaría despojarte del mundo y correr con santa libertad.

Memorización sugerida de las Escrituras
1 Juan 2.15

---

[6] Andrew Murray, citado en Closer Walk [Un andar más íntimo], 20 de agosto de 1991.

CAPÍTULO ONCE

DESPOJÉMONOS DEL DESALIENTO:
Corramos con perseverancia

Considerad a aquel que sufrió tal contradicción
de pecadores contra sí mismo,
para que vuestro ánimo no se canse hasta desmayar.
HEBREOS 12.3

Manténte en la lucha con resolución,
sabiendo que en este combate espiritual,
ninguno es vencido excepto el que deja de pelear
y de confiar en Dios.[1]
LORENZO SCUPOLI

---

[1] Lorenzo Scupoli, citado en *Joy and Strength* [Gozo y fortaleza], editado por Mary Wilder Tileston, World Wide, Minneapolis, MN, 1988, p. 228.

Ahora que hemos comenzado a comprender nuestra libertad en Cristo, debemos aprender a despojarnos del desaliento al correr nuestra carrera. Tenemos internamente muchas cosas que se oponen a nuestra libertad y hay un enemigo poderoso especializado en desanimar a aquellos que están dedicados a amar y a servir a nuestro Señor.

Un importante aspecto de vivir nuestras vidas para el Señor es tener una inmutable determinación de acabar la carrera cueste lo que cueste. Aquella que persevera corre fielmente sin importarle los obstáculos a los que se enfrenta. «Porque siete veces cae el justo, y vuelve a levantarse[...]» (Proverbios 24.16). El desánimo podrá entrar a nuestras vidas pero si tenemos un corazón decidido podremos hacerle frente a la desesperación, despojarnos de ella y continuar la carrera.

Despojémonos del desaliento

1. Pocos escritores superan a los salmistas en la comunicación de la profundidad de sus sentimientos. En el libro de los Salmos, la desesperanza y el desánimo son expresados y reconocidos con sinceridad.

   a. Lee el Salmo 77.1-15 y describe el desaliento que sentía Asaf ante Dios.

   b. ¿Cómo comenzó Asaf a resolver su frustración? (versículos 11-15)

2. a. ¿De qué manera eres especialmente susceptible al desaliento ante Dios, o al correr tu carrera como cristiano?

b. ¿Cuál suele ser tu reacción cuando pasas por tiempos de desaliento?

> Existen momentos en la vida de todos los creyentes cuando Dios y sus formas de proceder se vuelven ininteligibles para ellos. Se pierden en meditación profunda, y nada les queda sino un desanimado suspiro. Pero sabemos a través del apóstol Pablo que el Espíritu Santo intercede ante Dios por los creyentes, cuando no pueden emitir sus suspiros (Romanos 8.26).[2]
>
> AUGUSTUS F. THOLUCK

---

[2] Augustus F. Tholuck, citado en *The Treasury of David* [El tesoro de David], por Charles H. Spurgeon, vol. 2, MacDonald, n.d.,McLean, VA, p. 319.

3. Pablo verdaderamente se enfrentó a muchos obstáculos en su carrera. Sin embargo, al parecer siempre tuvo la capacidad de animar a otros para que confiaran en Dios con paciencia y permanecieran en la carrera. Lee Romanos 8.23-39 y registra las verdades que se encuentran en estos versículos que nos enseñan a vencer el desaliento y perseverar en la vida cristiana.

4. ¿Qué verdades de las Escrituras arriba mencionadas te son de más ayuda al despojarte del desaliento?

> Dios no nos causa aflicción o pesar con gusto. No se deleita en llevarnos a experimentar dolor o angustia. Siempre tiene un propósito al causar o permitir la entrada de la aflicción en nuestras vidas. Muy frecuentemente no conocemos ese objetivo, pero basta saber que su sabiduría infinita y perfecto amor han determinado que esa pena en particular es lo que más nos conviene. Dios nunca desperdicia el dolor. Siempre lo utiliza para su gloria y para nuestro bien.[3]
>
> JERRY BRIDGES

[3] Jerry Bridges, *Trusting God* [Confiar en Dios], NavPress, Colorado Springs, CO, 1988, p. 102.

Corramos con perseverancia

5. Pedro escribe: «Amados, no os sorprendáis del fuego de prueba que os ha sobrevenido, como si alguna cosa extraña os aconteciese» (1 Pedro 4.12). No debemos sorprendernos ni desanimarnos por nuestras pruebas. Pero Pedro ciertamente nos ofrece ayuda para permanecer firmes en la adversidad. ¿Cuáles son las verdades que él comunica en los siguientes pasajes que nos capacitan para perseverar?

1 Pedro 1.3-9

1 Pedro 5.8-11

6. ¿Qué esperanza encuentras en estos pasajes para poder soportar las dificultades sin ser abrumada por el desaliento?

> Resistirse al diablo significa que nos sometemos activamente a Dios y nos oponemos a Satanás y a toda su obra en contra nuestra, estando firmes en la fe. Esto significa sencillamente presentar ante el diablo en forma constante y sostenida las grandes verdades de la fe. No es incorrecto sino muy bíblico dirigirte contra él, resistiéndolo con la verdad doctrinal de nuestra fe.[4]
>
> MARK I. BUBECK

7. ¡Nadie perseveró de la manera que lo hizo Pablo! Lee los siguientes pasajes y luego escribe unas pocas oraciones describiendo el deseo ferviente de Pablo de soportar hasta el final.

   1 Corintios 9.24-27, 2 Corintios 4.7-10, 2 Timoteo 4.6-8

> Perseverancia no significa «perfecto». Significa que seguimos avanzando. No abandonamos al descubrir que aún no estamos maduros y que todavía hay un largo viaje por delante... perseverancia no es resignación, ni aguantar las cosas en el estado en el que se encuentran, permaneciendo en el mismo lugar año tras año, ni es ser una alfombrilla para que las personas puedan limpiar sus pies. La perseverancia no es agarrarse con desesperación sino que es progresar de fuerza en fuerza... La perseverancia triunfa y tiene vida.[5]
>
> EUGENE PETERSON

---

[4] Mark I. Bubeck, *The Adversary* [El adversario], Moody Press, Chicago, IL, 1975, p. 100.

[5] Eugene H. Peterson, *A Long Obedience in the Same Direction* [Una larga obediencia en dirección constante], InterVarsity Press, Downers Grove, IL, 1980, p. 127.

8. Nuestros ojos deben permanecer fijos en Jesús y sólo en Él, al correr nuestra carrera. Lee Hebreos 12.1-3. ¿De qué manera puede este pasaje alentarte hacia la firme determinación de correr fielmente sin importar los obstáculos con los que te encuentres?

Que corra yo la carrera que ante mí se extiende,
con fuerza y valentía me enfrente al enemigo,
que mire sólo a Jesús
al avanzar.[6]

REFLEXIÓN DE LA AUTORA

Cuando estoy desanimada, comienzo a orar. Le digo al Señor mis sentimientos y le pido que me ayude a comprender por qué estoy deprimida. Las razones varían: pecado, cansancio, creerle al enemigo, no confiar en Dios. He descubierto que si busco la verdad con respecto a mi situación, esta verdad puede librarme para confiar en Él y recibir su gracia y guía en medio de mi adversidad.

El fijar mis ojos en aquel que es la Verdad me motiva a vencer y seguir corriendo. Fijo mis ojos en Jesús al pasar tiempo en su presencia, al leer, estudiar, memorizar su Palabra y al orarle. La verdad de la Palabra es la que libera. El salmista dijo: «y andaré en libertad, porque busqué tus mandamientos» (Salmo 119.45).

Puedo correr la carrera con perseverancia cuando el anhelo de mi corazón es hacer Su voluntad y confiarle mi vida. Entonces su Espíritu me guía, me da poder, me disciplina y me protege. Corro mi carrera en libertad porque pasa a ser del Señor, no mía.

Deseo perseverar en mi carrera porque quiero acabar bien. No deseo cru-

---

[6] Del himno «*May the Mind of Christ, My Savior*» [La mente de Cristo, mi Salvador], letra de Kate B. Wilkinson.

zar la meta y entrar al cielo cojeando y ser un obrero que siente vergüenza al ver al Señor. Había una prueba en la antigua Grecia en la cual los corredores debían finalizar con sus antorchas encendidas. Eso quiero yo: acabar con mi antorcha encendida. Deseo poder decir lo expresado por Pablo: «He peleado la buena batalla, he acabado la carrera he guardado la fe» (2 Timoteo 4.7). De la única manera que puedo seguir peleando, acabar la carrera, y guardar la fe es despojándome de todo peso [estorbo] y del pecado que tan fácilmente me envuelve, y correr con paciencia [perseverancia] la carrera que tengo por delante, puestos los ojos en Jesús. Si mi corazón está decidido a vivir de esta manera, llegaré a ser una mujer libre.

TU REFLEXIÓN

Reflexiona acerca del lugar donde te encuentras en el proceso de experimentar la libertad de Dios. Anota las cargas de las que más quisieras despojarte en este momento de tu vida. Luego redacta, tal vez en forma de oración al Señor, tu deseo de perseverar en la carrera a la cual Dios te ha llamado, siendo una mujer libre.

Memorización sugerida de las Escrituras
Hebreos 12.3

AUTORA

Cynthia Hall Heald es nativa de Texas. Ella y su esposo, Jack, de profesión veterinario, forman parte del personal de «The Navigators» [Los navegantes] en Tucson, Arizona. Tienen cuatro hijos: Melinda, Daryl, Shelly y Michael.

Cynthia se graduó en la Universidad de Texas obteniendo su título de Bachiller en Artes en Inglés. Frecuentemente habla ante grupos femeninos en las iglesias y en seminarios y retiros.

Cynthia también es autora de los estudios bíblicos de NavPress: *Becoming a Woman of Excellence* [Cómo ser una mujer de excelencia]; *Intimacy with God* [Intimidad con Dios]; *Pursuing a Deeper Experience of God Through the Psalms* [En pos de una experiencia más profunda con Dios a través de los Salmos]; y *Loving Your Husband: Building an Intimate Marriage in a Fallen World* [Ama a tu esposo: Cómo edificar un matrimonio íntimo en un mundo decadente] (estudio que acompaña a *Loving Your Wife: Building an Intimate Marriage in a Fallen World* [Ama a tu esposa: Cómo edificar un matrimonio íntimo en un mundo decadente] por Jack Heald).